Okko Herlyn

Hier stehe ich, ich kann auch anders

Luther unkorrekt

Okko Herlyn, Jahrgang 1946, aufgewachsen in Ostfriesland, im Niederbergischen und am Niederrhein, zunächst Gemeindepfarrer in Duisburg-Wanheim, später Professor für Theologie in Bochum, häufig unterwegs als Kabarettist und literarischer Kleinkünstler.

Für seine Texte und Lieder wurde Herlyn verschiedentlich ausgezeichnet, u. a. mit dem niederrheinischen Literaturpreis „Dormagener Federkiel" und dem „Oberhausener Literaturpreis". Mehrfach war er bereits in Funk und Fernsehen zu hören und zu sehen.

Okko Herlyn

Hier stehe ich, ich kann auch anders

Luther unkorrekt

Mercator

Texte: Okko Herlyn
Lutherporträt: Lucas Cranach d. Ä., 1529
Lektorat: Susanne Schulten und Susanne Nagels

Bibliografische Information der Deutschen Bibliothek
Die Deutsche Bibliothek verzeichnet diese Publikati-
on in der Deutschen Nationalbibliografie; detaillierte
bibliografische Daten sind im Internet über
http://dnb.ddb.de abrufbar.

© Copyright 2013 by GERT WOHLFARTH GmbH
Verlag Fachtechnik + Mercator-Verlag, Duisburg
www.mercator-verlag.de
ISBN 978-3-87463-528-8

© Copyright 2013 by eteos
Medienverband der evangelischen Kirche im
Rheinland, Düsseldorf
www.medienverband.de
ISBN 978-3-87645-208-1

Umschlaggestaltung: Typometris GmbH, Münster
Layout: Sabine Ernat
Druck: CPI – Ebner & Spiegel, Ulm

Inhalt

BOHEI UM LUTHER

Hörn Se mal, hier: der Martin Luther. Mein Gott, wat machen se da momentan für'n Bohei drum:

Luther-Vorträge, Luther-Feten, Luther-Anbetungs-gottesdienste, Luther-Sondermarken, Luther-Socken: „Hier stehe ich, ich kann nicht anders." Luther-Autoschlüsselanhänger, Luther-Wein-gummitütchen.

Wallfahrten nach Wittenberg mit preisgünstigen Kakaobechern in Form eines historischen Tinten-fasses und verschiedenen Angeboten zur Selbstkas-teiung.

Ja, warum nich gleich: Luther-Rap mit Zitaten aus dem Kleinen Katechismus und Luther-Piercing für die nabelfreie Zone?

Ja, und wofür dat ganze Palaver?

Nur weil der Mann so 'n paar rostige Nägel inne Kirchentür gekloppt hat. Ja, ich bitte Sie. Dat kann doch getz wohl nich wahr sein.

Da muss ich ja mal ganz ehrlich sagen: Dat hamse da ja letztens beim Jubiläum vom Johannes Calvin doch wesentlich besser hingekricht. Kleiner, unauf-

fälliger Festakt im französischen Dom mit Bischof, Außenminister, Lachsschnittchen und ARD-Übertragung. Alles im allerengsten Kreis also.

Wobei, getz mal hier unter uns gesacht: Bei uns in Duisburg in der neuen Galeria Kaufhof in der Herrenkonfektionsabteilung gibt es getz sogar Calvin-Unterhosen. Ja. Sitzen zwar 'n bissken eng ... Deshalb steht auch immer extra „Calvin klein" drauf. Aber egal.

Der Luther hätt sich nämlich sowat wahrscheinlich sowieso nicht leisten können. Zumal seine Frau ewig und drei Tage dran war, et würde hinten und vorn nicht reichen. Ob er nich endlich mal wat Anständiges tun könnt, statt ständig nur auf der Kanzel rumzustehn.

„Nix da", hat der Professor Luther da immer gesacht, „kommt gar nicht inne Tüte sowat. Du kannst ja von mir aus tun und lassen, watte willz. Aber ich für mein Teil tu nun mal am liebsten predigen."

So, und mit dieser Einstellung ist der Martin Luther praktisch zum Begründer des evangelischen Gottesdienstes geworden.

EVANGELISCHER GOTTESDIENST

Übrigens, waren Sie eigentlich schon einmal in einem evangelischen Gottesdienst? Nicht so wirklich? Also, dann haben Sie was verpasst, kann ich Ihnen sagen. Was die sich da heutzutage so alles einfallen lassen, das ist schon enorm.

Nein, ich meine jetzt nicht diese abgestandenen Event-Gottesdienste: Wir sammeln Bananen-Kartons von Aldi und basteln daraus eine Klagemauer. Oder kneten ein paar schnuckelige kleine Göttinnen aus Fimo, die wir dann zu Hause auf den Webrahmen stellen. Nein, ich meine jetzt einfach einmal einen ganz pottnormalen evangelischen Gottesdienst. Sonntags morgens, 10 Uhr.

Tja, schon das Warming-up, so nennt man das ja heute, ist total beeindruckend. Früher musste man sich ja immer noch mit einem drögen „Im Namen des Vaters und des Sohnes und des Heiligen Geistes" begnügen. Alles Schnee von gestern:

> „Einen wunderschönen guten Morgen allerseits. Wir feiern diesen Gottesdienst im Namen des Vorbereitungsausschusses."

Das mit dem dreieinigen Gott versteht ja heutzutage sowieso kein Mensch mehr richtig. Deshalb finde ich es auch immer gut, wenn einem das jeweils ein bisschen erklärt wird:

> „Liebe Gemeinde, wir sind heute Morgen versammelt im Namen *des* Gottes ..."

Jou, da is man richtig gespannt, um wat für 'n Gott et heute wieder geht.

> „Und im Namen des Sohnes ..."

Und dann folgt meist ein kleiner Abriss über die Ergebnisse der Leben-Jesu-Forschung der letzten 20 Jahre und dass man jetzt rausgefunden hat, dass Jesus im Grunde der erste Sozialpädagoge war und eigentlich gar nicht „von Nazareth" sondern „von der Leyen" hieß.

Oder wie kürzlich unsere neue Vikarin, die den Gottesdienst folgendermaßen eröffnete:

> „Ja, also, erst mal einen wunderschönen guten Morgen vorweg. Einige von Ihnen werden mich noch nicht so richtig kennen. Deshalb möchte ich mich kurz vorstellen. Also, ich heiße Birgit Klimczak, bin 32 Jahre alt, fahre am liebsten Inline-Skates und habe zu Hause einen ganz süßen kleinen Goldhamster. Den habe ich ‚Goliath' getauft. Aber meistens sage ich einfach ‚Golli' zu ihm. Und jetzt habe ich noch mal eine Frage, weil ich nicht so genau weiß, wie das bei Ihnen hier üblich ist. Soll ich nachher

beim Kollektengebet vor, hinter, neben oder unter dem Altar stehen? Sie merken, ich bin da ein wenig unsicher …"

„Aber das brauchen Sie doch nicht zu sein", scholl es ihr sogleich vielmundig entgegen. „Bei uns sieht man das alles nicht so eng. Fühlen Sie sich ganz wie zu Hause. Machen Sie sich's bequem! Legen Sie die Füße hoch!"

Aber da hatten wir nicht mit der psychologischen Abgezocktheit unserer jungen Schwester gerechnet. Die lernen ja heute in den Predigerseminaren, dass man sich im Leben ja nichts ausreden lassen und vor allem in jeder Situation mutig und tapfer zu seinen eigenen Schwächen stehen sollte. So strafte sie uns in folgender Weise ab:

„Ja, ich möchte Sie doch eindringlich bitten, jetzt auch einmal meine Unsicherheit ein Stück weit ernst zu nehmen."

O Gott! Was hatten wir nur angerichtet. Totenstille im Gotteshaus. Wieder einmal nicht richtig zugehört. Wieder einmal nicht genügend Respekt entgegengebracht. Wieder einmal Carl Rogers nicht gründlich genug gelesen. Keine Empathie. O Gott, o Gott, o Gott! Höchste Zeit für das Sündenbekenntnis.

Das erleben wir z. B. bei Pfarrer Dr. Meier-Meckenstock, einem promovierten Kommunikationswissenschaftler, soweit ich weiß, stets in einer Weise, wie es sich unter gebildeten Protestanten und Protestantinnen gebührt:

> „Liebe Gemeinde, lassen Sie uns jetzt gemeinsam unsere Sünden bekennen, und zwar mit Worten, wie ich sie kürzlich in einem kleinen Gedicht bei Hilde Domin gefunden habe."

Tja, da geht es doch gleich schon ganz anders ab mit dem Schuldenerlass.

Auch seine liturgischen Anweisungen werden allenthalben als sehr hilfreich empfunden:

> „Ich darf Sie bitten, schon jetzt ein kleines blaues Bändchen hinten im Gesangbuch in die Nummer 745.2 einzulegen, das ist die Seite 1173, also der Psalm 103, und zwar der mittlere Teil, den wir dann nach dem ‚Kyrie' miteinander sprechen wollen, und zwar im Wechsel. Alle, die rechts von mir, also von Ihnen aus gesehen links von der Säule sitzen, sprechen bitte das Eingerückte, während die von mir aus gesehen links Sitzenden dann mit mir zusammen beginnen.

> Bei der Fürbitte achten Sie dann bitte darauf, dass Sie nach jeder dritten Bitte … nicht nach jeder zweiten wie sonst, warum, erkläre ich Ihnen später … also nach jeder dritten Bitte, die mit ‚So rufen wir zu dir'

endet, mit einem ‚Herr, erhöre uns' antworten, und zwar in der Form, wie Sie sie im Beiheft unter der Nummer 86 c finden.

Frau Berewinkel, die uns heute freundlicherweise auf der Orgel begleitet ... übrigens noch einmal ein herzliches Willkommen, liebe Frau Berewinkel. Ich weiß, Sie haben es im Augenblick nicht ganz leicht. Ich weiß es durchaus. Es ist mir wohl bewusst. Dennoch darf ich Sie ganz herzlich bitten, es diesmal doch einen halben Ton tiefer als angegeben anzustimmen. Es war letztes Mal doch ein wenig arg hoch, fand ich."

Gut aufgehoben fühle ich mich auch immer bei den Seelsorgerinnen und Seelsorgern, die so behutsam und rücksichtsvoll mit der Gemeinde umgehen und nicht einfach nur rumkommandieren: „Wir wollen beten!" Nein, nein, sondern die so einfühlsam und werbend und einladend – das ist wahrscheinlich mit dieser berühmten „einladenden Gemeinde" gemeint, von der in den letzten Jahren ja so viel zu hören war ... also die einem vor allem erst einmal mitteilen, was sie überhaupt mit uns vorhaben:

„Ich darf Sie nun, sofern Sie möchten, versteht sich, herzlich einladen, und vielleicht haben Sie genauso viel oder wenig Lust dazu, mit mir gemeinsam ‚O Haupt voll Blut und Wunden' zu singen."

Gut auch in diesem Zusammenhang die neue Fairness, mit der uns Pastorin Nölle-Piepenbrink von vornherein darüber in Kenntnis setzt, was sie so alles findet:

> „Also, ich fände es schön, wenn wir jetzt miteinander einen Kanon einüben könnten."

Also, ich persönlich finde diese Einüberei zwar beschissen, aber sie fände sie schön. Das ist liturgische Präsenz auf Augenhöhe.

Wunsch und Bitte liegen ja ohnehin oft ganz eng beieinander. So wie bei Diakon Dankwart Saueressig, der sich heute überraschenderweise Folgendes wünscht:

> „Ich möchte mit Ihnen jetzt gerne das Vaterunser beten."

Ja, wer wäre jetzt so schnell darauf gekommen. Außerdem klingt es vertrauenerregend, so wie wir es etwa von Oberschwester Beate aus dem Bethesda-Krankenhaus gewohnt sind:

> „Ich möchte mit Ihnen jetzt gerne den Blutdruck messen."

Doch dann lässt Diakon Saueressig mit seinem notorischen Blick für die Mühseligen und Beladenen dieser

Erde sogleich seine sozialpädagogische Zusatzausbildung an der Evangelischen Fachhochschule Rheinland-Westfalen-Lippe in Bochum durchblitzen:

> „Ich möchte mit Ihnen jetzt gerne das Vaterunser beten und Sie bitten, dazu aufzustehen, sofern Sie dazu körperlich, seelisch, geistig, nervlich, moralisch, sozial, wirtschaftlich oder finanziell in der Lage sind."

Eindrucksvoll auch, wie Predigerinnen und Prediger immer wieder in der Lage sind, das tägliche Leben in den heiligen Raum der Kirche zu holen. Laptop, Beamer, iPod – längst kein Teufelszeug mehr, sondern erfrischende Bereicherungen einer ansonsten doch arg beinernen Liturgie. Da traf es sich neulich gut, dass Pfarrerin Vorderwülbecke-Brenninkmeyer gerade dabei war, uns anhand eines Handys in die Geheimnisse des Gebets einzuweihen, als unter ihrem Talar ein „Lobe-den-Herrn"-Klingelton Bedeutsames ahnen ließ.

> „Ja bitte? … Du, Schatz, das ist im Augenblick ganz ungünstig. Ich bin gerade mitten im Gottesdienst. Kannst du nicht später noch mal … was? Ja, ich habe dich noch lieb. Ja, war schön mit dir heute Nacht. Sag mal, hast du denn wenigstens einigermaßen geschlafen? Dann bin ich beruhigt. Wie? Ja, okay, ich fasse mich kurz. Bis gleich. Setz schon mal Kaffee auf. Tschüssi!"

Ganz, ganz wichtig schließlich die Technik. Um Himmels willen! Was kann da nicht alles in den Teich gehen. Z. B. die berühmte Akustik. „Sie haben heute wieder sehr schön gepredigt, Herr Pfarrer. Man hat fast alles verstanden." Solche und ähnliche Lobeshymnen, machen wir uns nichts vor, sind vor allem eine Huldigung an den Küster, der es zum Glück nicht versäumt hat, die Verstärkeranlage einzuschalten. Deshalb kann ich auch Pastor Herkenrath so gut verstehen, der kürzlich seine Predigt wie folgt begann:

> „Gnade sei mit euch und Friede von Gott, unserm … übrigens, bin ich von hier oben überall gut zu verstehen? Test, Test, Test. Eins, eins, eins. Test, eins, zwei, Test … ist das okay so? Sonst rufen Sie ruhig dazwischen, wenn ich zu leise bin. Oder heben die linke Hand, so wie Sie es ja vom Zahnarzt gewohnt sind … und Friede von Gott, unserm Vater, und dem Herrn Jesus Christus. Amen."

Tja, und dann die Predigt. Hörn Se mal, ich wundere mich immer wieder, wie die das da oben überhaupt so hinkriegen. Schon der „Predigteinstieg", so nennt man das ja in der Fachliteratur, gleicht ja manchmal geradezu einem regelrechten kleinen Kunstwerk. Wahre Kabinettstückchen, mit denen man da so Sonntag für Sonntag aus dem Alltag abgeholt wird:

> „Geht es Ihnen nicht manchmal auch so, liebe Gemeinde?"

Ja, natürlich geht es uns so. Ständig geht es uns so. Von morgens bis abends geht es uns nicht viel anders. Irgendein kleines herzzerreißendes Missgeschick, sagen wir mal: Wir haben unseren Autoschlüssel verklüngelt. Und schon sind wir so richtig satt im biblischen Text. Wo nicht, hilft Pastor Herkenrath gerne nach:

„Sehen Sie, liebe Gemeinde, so oder ähnlich, stelle ich mir vor, muss es jener Frau ergangen sein, von der unser heutiger Predigttext handelt."

Tja, da kann die Heilige Schrift doch richtig froh sein, dass wir so häufig unseren Autoschlüssel verklüngeln.

Aber, Moment, er kann auch anders. Nicht jede Predigt von Pastor Herkenrath fängt so an. O nein. Manchmal hat er noch ganz, ganz andere Einfälle auf Lager. Neulich z. B. begeisterte er uns mit folgender Eröffnungsvariante:

„Liebe Gemeinde, das ist heute ein ganz außerordentlich schwieriger Text. Ich habe lange überlegt, lange mit mir gerungen, ob ich ihn überhaupt nehmen soll."

Tja, und nun stellen wir uns vor: Pastor Herkenrath nächtelang in seinem Studierzimmer, Kaffee um Kaffee schlürfend, Bleistift um Bleistift zerkauend, gebeugt über den alten, schwierigen Texten, einsam ringend mit sich und seinem Gott.

Und dann ständig die Alte im Nacken: „Norbert, bist du immer noch nicht fertig? Du hattest mir doch fest versprochen, heute Abend noch ‚Dschungelcamp' zu gucken." Aber Pastor Herkenrath, der leidende Gottesknecht, verzichtet mannhaft auf Sonja Zietlow und Käsekräcker und „stellt sich", wie er nicht müde wird zu betonen, „diesem außerordentlich schwierigen Text". Es sei doch schließlich eine „enorme Herausforderung", und es gehe ja auch nicht an, immer nur über die Lieblingstexte zu predigen. Nun sind wir also super gespannt, wie Pastor Herkenrath diese „enorme Herausforderung" packt.

In solchen Fällen meist so, dass er uns zunächst eine kleine Geschichte erzählt. Entweder ein unbekanntes keltisches Märchen oder eine alte jüdische Legende.

Im Anschluss daran verweist er gerne auf eine unscheinbare Zeitungsnotiz, die ihm letzte Woche zufällig in die Hände gefallen ist. Irgendjemand war da im Supermarkt einer alten Dame behilflich gewesen, eine Dose Brechbohnen oben aus dem Regal zu angeln. Jetzt hat sich Pastor Herkenrath geschickt eine Einflugschneise in diesen schwierigen Text erarbeitet, und man ahnt inzwischen, weshalb er so viele Nächte kaffeeschlürfend, bleistiftzerkauend, kräckerverzichtend und ehegefährdend in seinem einsamen Studierzimmer mit sich und seinem Gott gerungen hat:

„Ich denke, liebe Gemeinde, so etwas Ähnliches wird dem Apostel Paulus vorgeschwebt haben, wenn er hier von Nächstenliebe spricht."

Dunnerlüttchen! Da muss man auch erst mal drauf kommen. Erleichtert, beschwingt und mit dem „Segen für die kommende Woche" versehen, verlassen wir wieder einmal das Gotteshaus.

Und stürzen uns ganz rasch in die nächste Kneipe.

♪ Manchmal kauf ich mir 'ne Karte
für ein teures Cabaret
manchmal such ich mir was Frohsinn
zwischen all dem Ach und Weh
manchmal brauch ich Unterhaltung
Scherz, Satire, Ironie
doch so günstig wie bei Kirchens
findest du es meistens nie.

Lausch nur einen Augenblick lang
all den triftigen und vielen Worten
was hier durch die Gegend fliegt
ist lustiger als alle Sahnetorten.

Manchmal ist mir nach Ablachen
will nur Spaß statt Feeling blue
zappe durch Privatkanäle

gier nach Running gag und Clou
doch dann blick ich hoch zur Bühne
frage mich erstaunt: nanu?
die einzig reale Satire
sind am End nur ich und

du.

PRIESTERTUM ALLER GLÄUBIGEN

Also so 'n ganz großes Thema beim Luther war ja immer die Kirche. Ja, nun, dat is komplizierter, als Sie denken.

Bei den Katholiken ist dat ja relativ einfach gelöst. Da ham wir den Papst, dann da drunter noch ein paar Kardinäle, Bischöfe und Priester. Und am Ende unsern Kaplan Hermann Hückelhoven, hier aus der Herz-Jesu-Gemeinde. Kennen Se vielleicht.

Also, getz mal so gesehn, der Herrmann Hückelhoven, dat is kein Verkehrten, echt nich. Wie der letztens da bei der ökumenischen Senioren-Weiberfastnacht die Büttenrede hingelegt hat, mein lieber Scholli. Dat war schon vom Feinsten. Also, die haben doch schon wat drauf, die katholischen Pastöre, kann man sagen, wat man will.

Aber getz der Doktor Martin Luther. „Moment mal", hatter immer so sinngemäß gesacht, „so gehdet nun au widder nich. Kirche, dat is nich nur der Papst – der ja sowieso schon mal gar nich – oder auch nur der Pastor inne Bütt. Kirche, dat sind wir eigentlich alle."

Denn dat müsster getz au mal sagen: „Was aus der Taufe gekrochen ist, das kann sich rühmen, dass

23

es schon zum Priester, Bischof und Papst geweihet sei." Priestertum aller Gläubigen – dat wäret.

Jou, ham se damals auch gleich alle gesacht, warum hat uns dat man vorher keiner gesacht? Wenn Kirche wir alle sind, da könnt dat Ganze ja vielleicht wieder richtig Spass machen.

„Nee, nee", hat sich getz an der Stelle der Johannes Calvin von Genf aus in die Sache eingemischt. „So einfach, wie ihr Lutheraner euch dat denkt, isset nun auch widder nich. Damit dat mal gleich klar ist: Kirche ist keine Spassgesellschaft. Da muss erst mal wat Zucht und Ordnung rein in den Laden."

Ja und dann ist der Calvin hingegangen und hat seine berühmte Vier-Ämter-Lehre erfunden: Pastoren, Doktoren, Presbyter und Diakone. Bei uns am Niederrhein kommt natürlich noch die Vorsitzende der Frauenhilfe dazu. Aber damit haddet sich dann auch schon.

Priestertum aller Gläubigen also. Aber da fragt man sich dann natürlich schon mal: Was haben dann überhaupt noch unsere Pastoren zu tun den ganzen Tag?

HOCHZEIT

Hier, unser Nicole z. B. Jetzt will sie ja demnächst heiraten. In der Kirche natürlich. Mit Blumengesteck in Lachs. Oldtimer inklusive Fahrer und Gospelchor. „I will follow him." In Weiß sowieso. Wegen der Romantik.

Nachdem es ja nun mit dem Brad Pitt leider nicht so hat klappen wollen, hat sie sich jetzt den Thorsten Kleine-Brahm von der Rheinberger Straße geangelt. Letztes Jahr beim Tanz in den Mai von Eintracht 09 muss es wohl gehörig zwischen den beiden geklingelt haben. So gesehen, kann man da noch nichts dagegen einwenden.

Aber jetzt der Pastor. Den sollte sie nämlich anrufen, wenn es soweit wär, hatte Tante Hedwig ihr damals direkt gesagt. „Kind, machet. Ich rat et dir im Guten. Is besser so." Gut, tat sie dann auch. „Ah, Nicole", tat der Pastor auch erst mal so ganz freundlich. „Dat ist ja nett, dat du mal wieder anrufst. Wann haben wir uns eigentlich dat letzte Mal gesehen? Bei der Konfirmation?" Da war sie ja schon direkt bedient am Telefon.

So, und dann saßen die beiden drei Wochen später beim Pastor in dem Zimmer mit den vielen Büchern, die er natürlich alle gelesen hat. Und jetzt kommt der Hammer. Der Pastor wollte nämlich tatsächlich wissen, warum sie überhaupt vorhätten, sich kirchlich trauen zu lassen. Ja, hörn Se mal, wo sind wir denn hier? Das muss der doch wohl am besten wissen. Wofür hat der schließlich Theologie studiert?

Aber die eigentliche Härte kommt noch. Am Ende schlug der Pastor nämlich vor, sie sollten ihren Trauspruch selber wählen. Kleiner Prinz käm aber nicht in Frage, es müsste schon was aus der Bibel sein. Es wär auch ganz nett, wenn sie sich dazu noch ein paar eigene Gedanken machen würden. Außerdem könnten sie das eine oder andere Lied raussuchen, das ihnen gefallen tät. Wenn es nicht schon wieder „Großer Gott, wir loben dich" wär. Das hing ihm nämlich allmählich zum Hals raus. Schließlich sollten sie auch noch die beiden Trauzeugen bitten, die Fürbitten zu sprechen. Also ehrlich gesagt, so was grenzt doch fast schon an Anstiftung zur Schwarzarbeit, was der Mann da abliefert!

Da lob ich mir unseren alten Pastor Haferkamp. Damals 1972. Der las einfach was aus seinem dicken Buch vor. Verstanden hat da zwar keiner was, aber egal. Die Hannelore hat sowieso nur geheult die ganze Zeit und mir steckte, ehrlich gesagt, noch der Polterabend in den Knochen. Aber später kam der Pastor noch auf ein Stück Streusel und ein lecker Schnäpsken vorbei. Ja, das war noch ein Seelsorger vom guten alten Schlag!

Wie bitte? Heutzutage hätte so 'n Pastor noch was anderes zu tun, als sich durch die Gemeinde zu saufen? Ich bitte dich. Wofür wird der Mann denn bezahlt?

„HIER STEHE ICH, ICH KANN NICHT ANDERS"

„Hier stehe ich, ich kann nicht anders." Ich weiß nich, ob Se dat wissen, aber dat geht ja zurück auf den berühmten Reichstag zu Worms. 1521. Ou, da war ja damals richtig wat los, kann ich Ihnen sagen. Kaiser, Könige, Fürsten und wat weiß ich noch alles, alle warn se da und wollten den Luther inne Pfanne hauen.

Gut, in einem verstehen konnte man dat schon. So isset nun auch widder nich. Die ganz feine Art waret ja nicht gerade, wie der Bruder Martin da immer gegen den Papst und die römische Kirche angestänkert hat. „Papstesel", hat er immer für ihn gesacht. Oder auch: „Kirchendieb", „Drachenschwanz", „Seelenmörder" und – halten Se die Luft an – „Hurenwirt". Wennet ne Hölle gäb, so hat er gemeint, dann ständ „Rom" drauf.

Damit warer nun natürlich doch 'n bisssken zu weit gegangen, der gute Luther. Jou, warn se getz gleich alle da in Worms dran, wat ihm denn einfiele. So ginget nich. Er sollt getz – bittschön – auf der Stelle widerrufen.

„Einen Augenblick bitte", hat der Luther da gesacht. „Ich kannet euch gleich sagen. Da draußen

27

auf 'm Marktplatz, da steht so 'n Denkmal mit 'm Superspruch vorne drauf. Wenner mal 'n Moment warten tut. Ich bin gleich widder da."

Ja, und dann waret soweit. Der Luther kam mit seinem Spinxzettel widder rein und haddet ihnen aber so richtig gegeben: „Hier stehe ich, ich kann nicht anders. Gott helfe mir. Amen." Ja, Tatsache. Können Se heute noch in Worms auf dem Denkmal nachlesen. Dat heißt, wenn gerade kein Trödelmarkt is.

„Hier stehe ich, ich kann nicht anders ..." Dat is getz praktisch – da ist sich die Lutherforschung ja weitgehend drin einig – die Geburtsstunde der modernen Meinungsfreiheit, wovon wir bekanntlich bis heute zehren.

MEINUNGSFREIHEIT

Tja, Meinungen, Einstellungen, Ansichten allerorten. Kinder, welch herrliche Freiheit, sich endlich einmal keine hemmenden Gedanken mehr machen zu müssen!

Silke z. B. findet, dass in der Menschheitsgeschichte ohnehin schon viel zu viel Hirnmasse verplempert worden sei, man könne seine Zeit doch besser mit mittelalterlichem Kartenlegen und schamanischen Atemübungen verbringen.

Auch Fulbert plädiert mittlerweile vehement für ein neu zu formulierendes Grundrecht auf Ignoranz.

Pia Noelle hingegen hat im Verlaufe ihres Sommerseminars auf Usedom erkannt, dass Nachdenken doch eher schädlich ist. Zumindest für ihr Männerbild.

Malte andererseits findet, die neue Gleichgültigkeit habe auch irgendwie was Erotisches an sich. Er wisse auch nicht genau, warum.

Verona Feldpooth, vom KiK-Magazin befragt, was sie vom neuen Anti-Sexismus-Programm des Ökumenischen Rates der Kirchen halte, ist im Übrigen der festen Überzeugung, dass keine Frau der Welt gezwungen werde, sich in einer baufälligen Fabrik für Kleider krummzulegen. Ihr mache ihr Job doch auch Spaß.

Was die angespannte Lage auf dem Arbeitsmarkt anbelangt, so darf Boris B. bei Johannes B. die viel ap-
plaudierte Ansicht äußern, ihm sei ja schließlich auch
nichts geschenkt worden im Leben.

Interessant in dem Zusammenhang, dass der Vizepräsident von Bavaria München sich über die Slumhütten
rings um das Aztekenstadion noch keine weiteren Gedanken gemacht hat, aber den armen Teufeln da unten
einen flatschneuen Satz Trikots stiften will.

Hilfreich auch der Hinweis von Paris Möwenpick, wonach das Leben, wie ich kürzlich las, schließlich nicht
nur aus Partys bestehe. Es gebe immerhin auch noch
so etwas wie Feten, Cocktail-Empfänge und Shopping-
Touren.

Selbst der ehemalige bodybuildende Gouverneur von
Kalifornien ließ inzwischen verlauten, dass Geld doch
gar nicht so wichtig sei. Ihm sei es jedenfalls völlig
wurscht, ob er nun 70 oder bloß 50 Millionen Dollar
besitze. Nun, wo der Mann recht hat, hat er recht. Haben wir doch schon damals in der Volksschule gesungen: „Was frag ich viel nach Geld und Gut, wenn ich
zufrieden bin …"

Auch Frau Dr. W. vom Institut für angewandte Gedan-
kenlosigkeit hält die sogenannte, sie wiederhole: sogenannte Ausbeutung der Dritten Welt vor allem für ein

hiesiges Wahrnehmungsproblem. Meinungsumfragen unter den koreanischen Arbeiterinnen bei Pumidas hätten ergeben, dass diese überaus froh seien über die Ausweitung der Toilettenpause auf 87,3 Sekunden. Solche sozialen Standards kenne man in Asien bislang gar nicht.

Dann konnte man letztens noch bei RTL 17 sehen, dass Günter Kacheljauch mit einem Kasten Bier die Regenwälder zu retten gedenkt. Ja, der Mann hat ja richtig was drauf.

Zwischendurch lässt Anneruth verlauten, dass Ikea in vielem gar nicht so günstig sei, wie man immer meine.

Einsichtig zeigte sich inzwischen übrigens auch Kardinal Beisner bei seiner Predigt über neuere Kirchenfenster und ihre Botschaft für den modernen Menschen. Das Wort „entartet" sei ihm nur so rausgerutscht. Für etwas Spaß müssten doch gerade die Rheinländer ein bisschen Verständnis haben.

Auch Nastassja Chloé wirkt mittlerweile ziemlich angenervt: Man solle doch endlich einmal aufhören, die Frage der Kernenergie ständig zu moralisieren. Fukushima sei – von allem anderen einmal abgesehen – zunächst auch eine technische und logistische Meisterleistung gewesen.

Empört reagierte beim sonntäglichen Polit-Stammtisch

auch ein Vertreter der amerikanischen Botschaft auf den Vorwurf, US-Soldaten hätten seinerzeit im Irak ein 15-jähriges Mädchen vergewaltigt. Solche Anschuldigungen seien völlig absurd. Die junge Dame sei immerhin schon 21 gewesen.

Für Aufatmen sorgte inzwischen auch eine Meldung des deutschen Verteidigungsministeriums, wonach es sich bei den in Afghanistan getöteten Soldaten – Gott sei Dank – nicht im juristischen, sondern nur im umgangssprachlichen Sinne um Gefallene handele.

Überhaupt hört man in diesen Tagen immer wieder, dass es doch wohl noch erlaubt sein müsse, angesichts der Verhältnisse im Nahen Osten einmal unbelastet über eine ethische Neubewertung des heute so verpönten Antisemitismus nachzudenken. Alles daran könne nun auch nicht falsch gewesen sein. Jedes Ding habe schließlich seinen guten Grund. Aber das sei zunächst einmal nicht mehr als ein Meinungsanstoß.

Tja, wohin man hört, wohin man sieht: Meinungen, Einstellungen, Ansichten allerorten. Wie heißt es doch im Grundgesetz der Bundesrepublik Deutschland? „Jeder hat das Recht, seine Meinung in Wort, Schrift und Bild frei zu äußern und zu verbreiten."

Hörn Se mal, von Nachdenken war hier nicht die Rede.

♪ Wenn du irgendeine Meinung hast
bist du bald ein gern geseh'ner Gast
ob dumm, ob dreist, das ist doch ganz egal
für jede Ansicht gibt es 'nen Kanal.

> Abwägendes Hin und Her
> ist kontraproduktiv
> Grübeln, Prüfen, Denken gar
> das macht nur aggressiv.

Drum: Wer Meinungen sein Eigen nennt
braucht fortan nie mehr ein Argument.

LUTHER UND DIE REFORMIERTEN

Ein ganz großes Rätsel der Kirchengeschichte ist übrigens dat Verhältnis Martin Luthers zu den Reformierten. Zwingli, Calvin und wie se da alle hießen.

Seinerzeit waren ja die Streitgespräche schwer in Mode, also die Vorläufer der heutigen Talkshows. Berühmt is z. B. dat sogenannte „Marburger Religionsgespräch" von 1529 zwischen Luther und Ulrich Zwingli aus Zürich. Mann, wat sind die sich damals anne Köppe gekommen. Und warum? Nur weil se sich über ein einziges Wörtchen nicht einigen konnten. Et ging um dat Wörtchen „is".

Jou, warn se getz die ganze Zeit dran, wenn Jesus beim letzten Abendmahl sagen tät: „Dat is mein Leib", dann sollte man sich et nicht zu einfach damit machen. Denn wat wär mit dem Wörtchen „is" nun tatsächlich gemeint? Gute Frage, ne?

Der Luther war da ja ziemlich rigoros. „Jou", warer gleich am rumrandalieren, wie et so seine Art war, „is" wär nur mal „is", dat tät doch schon allein dat Wort sagen. „Nee, nee", meinte da der Zwingli, „so einfach isset nun auch wieder nich." Dat „is" könnt genauso gut so wat wie „bedeutet" bedeuten. Und dann wär Sense mit der Abendmahlsgemeinschaft.

34

Tja, Sturköppe waren se ja beide auf eine Art. Und deshalb ging zwischen Lutheranern und Reformierten lange gar nix mehr.

Dat lag natürlich auch an dem anderen reformierten Dickschädel, dem Johannes Calvin aus Genf und seinem berühmten Bilderverbot. Ham Se sicher schon mal wat von gehört: „Du sollst dir kein Bildnis machen …" Dat is ja bekanntlich dat … ja, Moment, dat wievielte Gebot is dat eigentlich?

Tja, und damit sind wir nun bei einem der Hauptprobleme zwischen Lutheranern und Reformierten: der Zählung der Zehn Gebote.

So, dat muss ich getz mal 'n bissken erläutern. Nach reformierter Zählweise is dat Bilderverbot dat zweite Gebot. Logo. Vorher solln wir keine anderen Götter haben und danach seinen Namen nicht missbrauchen. So weit, so gut.

Jetzt kam aber der Luther an und sachte: „Ja, Augenblick mal. Dat Bilderverbot, also dat zweite Gebot, is doch eigentlich nix anders als dat erste Gebot, wonach wir keine anderen Götter haben solln. Demnach brauchen wir dat zweite, dat Bilderverbot, eigentlich gar nich mehr." Schon waret raus aus dem Kleinen und Großen Katechismus Doktor Martin Luthers.

Problem war getz aber: Wenn von zehn eins weg-
fällt, bleiben nach Adam Riese nur noch neun üb-
rich. Soweit konnt der Luther natürlich auch schon
noch rechnen. „Kein Problem", hatter immer ge-
sacht, „teilen wir dat letzte Gebot einfach mitten
durch, dann kommen wir wieder auf die ursprüng-
liche Sollzahl zehn." Also, man kann ja gegen den
Mann sagen, wat man will, aber so ganz auf'n
Kopp gefallen warer nun auch nich, gibbet nix.

Boh, aber getz konnzen Calvin mal so richtig erle-
ben. Er war ja sonst eher so'n bissken schüchtern
und zurückhaltend. Aber hier bei dem Zählprob-
lem der Gebote, da konnter so richtig fies, ich mein:
so richtig reformiert werden. „Von wegen", war er
immer dran, „sowat woll'n wir gar nicht erst einrei-
ßen lassen. Dat Bilderverbot bleibt da, wo et hin-
gehört, nämlich auf dem zweiten Platz." Also auf
dem berühmten Treppchen, wo se ja bekanntlich
heut alle mal drauf wollen.

Und dat ist getz der theologiegeschichtliche Grund,
weshalb wir uns in einer reformierten Kirche im-
mer gleich so wohlfühlen, sagen wir mal, wie in
einer winterlichen italienischen Eisdiele. Keine
Bilder, kein Kruzifix, keine bunten Fenster, kein
Schmuck, keine Kerzen auf dem Altar, pardon:
Abendmahlstisch, keine Blumen, kein Weihnachts-
baum, kein Krippenspiel, keine Fotos des neuen
Konfirmandenjahrgangs mit Angabe von Hobby,

Lieblingspizza und Internetadresse. Alles möglichst sachlich, nüchtern, weiß gekälkt, ungemütlich und schlecht geheizt.

Kirche des Wortes. Alles andere wäre ja Bilder- und damit Götzendienst, also heidnisch oder – noch schlimmer – sogar katholisch.

Logo, dat dat nicht lange gut gehen konnte. Geschichte verläuft ja nicht immer geradlinig, sondern in Windungen und Widersprüchen, mäandriert schon mal, schlägt dialektische Purzelbäume und verliert sich in oppositionellen Gegenbewegungen. Reformation und Gegenreformation. Aufklärung und Postmoderne. Alt-68er und neue Volksverdummung.

Um et mal wat volkstümlich auszudrücken: Egal, wat für 'n Scheiß gerade läuft – die Geschichte hat bisher jedenfalls immer noch irgendeine unpassende Antwort gefunden. Unter uns: Anders lässt sich wohl nich dat Aufkommen der berühmten Familiengottesdienste erklären.

FAMILIENGOTTESDIENST

Ja, guten Morgen, liebe Gemeinde. Ich möchte Sie alle und natürlich auch euch alle hier vorne ganz herzlich zu unserem Familiengottesdienst begrüßen. Tolle Geschichte, dass heute wieder so viele zusammengekommen sind.

Ich schau mich gerade mal so ein bisschen um. Ich sehe, ihr Kinder habt ja heute auch eure Eltern mitgebracht. Hallo und herzlich willkommen auch Ihnen. Auch ein paar Väter sind mit dabei, sehe ich. Ja, man kennt sich von der Straße. Sehr schön. Selbst die Alten haben uns diesmal nicht im Stich gelassen. Ganz prima. Danke für so viel Treue, ihr Lieben.

Ja, ich schau gerade mal ein wenig nach draußen. Ich habe den Eindruck, das Wetter hält sich, so wie es ausschaut. Ich denke, wir haben da vielleicht auch ein wenig unsere Beziehungen spielen lassen. So viel Spaß darf es heute sicher mal sein.

Okay, ihr Lieben. Der eine oder die andere von euch wird es sicher schon bemerkt haben: Ich habe uns heute Morgen wieder etwas mitgebracht. Es liegt hier vorne auf dem Altar, und ich will es jetzt ein bisschen hochheben, damit es alle sehen können. So, ich glaube, so ist es gut zu sehen. Ja, vielleicht können gerade mal alle diejenigen aufzeigen, die das, was ich hier in der Hand halte, schon irgendwo einmal gesehen haben. Ah ja, ich sehe, da melden sich doch eine ganze Menge. Schön. Ich leg es jetzt mal wieder vorsichtig hin.

Und jetzt bin ich mal gespannt, ob mir mal jemand verraten kann, wie man denn das, was wir uns soeben gemeinsam angeschaut haben, überhaupt nennt? Das hat nämlich einen bestimmten Namen, müsst ihr wissen. Einen ganz bestimmten Namen. Manchmal ist das ja ganz wichtig, dass etwas einen bestimmten Namen hat.

Na, was meist du denn wohl, Shakira-Antoinette? Ein Reißverschluss. Das hast du ganz richtig gesagt. Vielen Dank, Shakira-Antoinette. Ganz große Klasse. Super. Vielen, vielen Dank. Völlig in Ordnung: ein Reißverschluss. Danke nochmals, Shakira-Antoinette. Das war schon mal eine große Hilfe.

Und jetzt wollen wir einmal gemeinsam überlegen, wo ein solcher Reißverschluss überhaupt vorkommt in unserem Leben. Wo der sein Zuhause hat. Normalerweise, das wissen wir, kommt er ja hier im Gottesdienst nicht so vor. Aber irgendwo hat ihn einer von euch sicher schon einmal gesehen. O ja, da melden sich doch gleich ganz viele.

Melvin-Bartolomeo! Wo genau? Am Kleid der Mutti. Das hast du ganz toll beobachtet. Nein, du brauchst es jetzt nicht eigens vorführen. Man kann es sich auch denken. Danke, Melvin-Bartolomeo. Sehr schön. Sonst noch irgendwer irgendwo?

Ah ja, Nora-Fabienne! Wo? An deinem Federmäppchen? Ja, sage eins. Das ist ja eine tolle Geschichte. Und da ist dann so ein Reißverschluss dran? Ja, man hat's ja förmlich vor Augen. Sag mal, Nora-Fabienne, was für eine Farbe hat denn eigentlich dein Federmäppchen? Das interessiert uns jetzt alle. Ah ja, Pink mit grünen Elefanten drauf. Klasse. Weißt du was, Nora-Fabienne? Ich mache dir jetzt mal einen Vorschlag. Du bringst uns dein Federmäppchen einfach einmal am nächsten Sonntag mit. Und dann schauen wir es uns hier gemeinsam an. Wär das okay so?

Ja, ich schau mich noch mal so ein bisschen um. O ja, Herr Dr. Kellermann? Wo? An Ihrem Taucheranzug? Ja, tut mir leid, da kenn ich mich momentan nicht so mit aus. Ach so, Sie sind Hobbytaucher. Und da ist das dann an Ihrem Taucheranzug dran. Interessant. Ja, so lernt man immer wieder ein bisschen dazu. Danke, Dr. Kellermann. Herzlichen Dank für diesen schönen Beitrag.

Ich denke, ihr Lieben, da haben wir nun schon eine ganze Menge zusammengetragen. Und nun wollen wir einmal miteinander einen Schritt weitergehen und fragen, wozu ein solcher Reißverschluss überhaupt gut ist. Der hat nämlich eine ganz bestimmte Aufgabe, müsst ihr wissen. Eine ganz bestimmte Aufgabe.

So wie jeder Mensch im Leben eine bestimmte Aufgabe hat. Ihr Kleinen, das wisst ihr sicher schon, wenn ihr demnächst in die Schule kommt, dann habt ihr zu lernen, zu lesen, zu schreiben und zu rechnen. Und der Papa muss immer ganz viel arbeiten und Geld verdienen. Und die Mutti zu Hause hat zu kochen und zu putzen und zu waschen. So hat jeder Mensch auf der Welt eine ganz bestimmte Aufgabe.

Und genauso ist das auch mit so einem Reißverschluss. Der hat auch eine bestimmte Aufgabe. So, und nun bin ich mal gespannt wie ein Flitzebogen, ob mir das wohl jemand sagen kann. Ja, ich weiß, das ist schon ein bisschen schwieriger.

Was meist du denn wohl, Epiphania? Was genau? Ah ja, verstehe. Ich weiß allerdings nicht, ob das jetzt alle so richtig mitbekommen haben. Ich sag's mal gerade mit meinen Worten. Also: Epiphania meint, mit so einem Reißverschluss kann was zusammen machen. Hier z. B. das Kleid von der Mutti von Melvin-Bartolomeo. Gut beobachtet. Danke, Epiphania.

Ich denke, da sind wir nun schon einmal auf einem guten Weg. Aber kann so ein Reißverschluss vielleicht noch was anderes? Ah, ich sehe, da meldet sich einer aber ganz eifrig.

Jan-Urs? Da hast du natürlich vollständig recht. Selbstverständlich kann ein Reißverschluss auch mal etwas auseinander machen. Das kann ja manchmal ganz wichtig sein, dass so ein Reißverschluss auch mal so was anderes kann. Ich denke hier z. B. die ganze Zeit an den Dr. Kellermann. Wenn der so stundenlang unter Wasser ist, dass der dann vielleicht manchmal sogar heilfroh ist, heilfroh, dass so ein Reißverschluss auch das andere kann. Ah ja, ich sehe, Dr. Kellermann nickt. Danke noch einmal, Dr. Kellermann, für den schönen Beitrag. Danke natürlich auch dir, Jan-Urs, wie du das so toll beobachtet hast. So, ich denke einmal, das ist ja nun schon einiges …

Doch, da meldet sich noch wer. Frau Klosterkötter? Ja, ich weiß nicht, ob das jetzt momentan hier hingehört. Aber gut, ich kann's ja mal so weitergeben. Also, Frau Klosterkötter meint, dass es ja schon mal vorkäme, dass so ein Reißverschluss klemmt. Blocker, sagen, glaube ich, die Verkäuferinnen dazu. Kriegt man wohl mit Wachs, mit einer Kerze wieder so ein bisschen gängig. Bon. Lassen wir das mal für den Moment ein bisschen sacken.

Jetzt hat sich der eine oder die andere von euch sicher schon die Frage gestellt, was hat dieser Reißverschluss hier überhaupt im Gottesdienst zu suchen? Was hat er überhaupt zu tun mit Kirche, mit Glauben, mit Religion, mit Gott? Ich denke für den Moment mal so: eine ganze, ganze, ganze Menge.

Nicht wahr, auch hier in der Gemeinde ist es ja oft so, dass etwas zusammenkommt: Alt und Jung, Groß und Klein, Kinder und Erwachsene, Gesunde und Kranke,

Fröhliche und Traurige, Behinderte und Nichtbehinderte, Arme und Reiche, Schwarze und Weiße. Das ist schon so eine kleine Botschaft, die in dem Reißverschluss drinsteckt.

Und ich denke auch so an das andere. Ich glaube, Jan-Urs oder wer hat darauf hingewiesen. Dass so ein Reißverschluss auch schon mal was auseinander machen kann. Das kann ja auch mal ganz wichtig sein. Auch hier in der Kirche. Dass man auch mal auseinandergeht. Natürlich nur friedlich, das versteht sich von selbst. Dass man sich auch mal von etwas trennen muss: alten Traditionen, lieb gewordenen Gewohnheiten, Stammplätzen in der Frauenhilfe.

Und ich denke auch die ganze Zeit noch mal an das, was Frau Klosterkötter vorhin gesagt hat. Es geht mir doch noch etwas nach, ehrlich gesagt. So unrecht hat sie ja gar nicht. Wie war das noch? Richtig: dass da so ein Reißverschluss auch schon mal klemmen kann. Auch das, denke ich, kann ja zum Glauben gehören. Dass es mal nicht so läuft, wie man es gerne hätte. Dass es da auch mal sozusagen „klemmt". Dass da mit einem Mal Fragen auftauchen. Zweifel. Ängste. Sorgen. Nöte. Bedrängnisse. Dunkle Stunden. Schattenseiten. Bitterkeiten. Anfechtungen. Versuchungen. Schuldgefühle. Abgründe. All das steckt in dem Reißverschluss drin.

So, ihr Lieben. Und jetzt habe ich euch wie immer eine kleine biblische Geschichte mitgebracht, in der all das, was wir nun miteinander erarbeitet haben, drinsteckt. Also gebt acht.

Eines Tages kommt Jesus von Nazareth nach Kaperna… Aber Frau Verhülsdonk, doch bitte jetzt nicht! Ja, um alles, sehen Sie denn nicht, dass ich mitten in der Predigt bin? Was? Ach so. Ja, das ist natürlich etwas anderes. Okay. Nein, lassen Sie man, ich bring das schon in Ordnung.

Also, liebe Gemeinde, Frau Verhülsdonk von der Frauenhilfe weist mich soeben darauf hin, dass die Waffeln schon ein bisschen über sind. Ich denke mal so, das Entscheidende ist ja im Grunde auch gesagt, sodass wir es für heute einmal dabei bewenden lassen.

♪ Ja das hat Stil und das hat Format:
Ich bin regelrecht in sie vernarrt
in jene Stunde sonntags früh
voll Geistesblitz und Empathie.

Sind wir auch noch so sorgenschwer
und manchmal noch ein bisschen mehr
vorbei das alles wie sich zeigt
sobald nur jemand die Kanzel besteigt.

Und fällt uns heute gar nichts ein
darf 's gerne mal ein Beispiel sein

zur Not ein kleiner Kanon auch
zum raschen und alsbaldigen Verbrauch.

Ich habe mich schon oft gefragt
doch keiner hat es mir gesagt:
Warum um alles ist denn bloß
der liebe Gott so einfallslos?

Und wenn mal was nicht richtig klappt
wird gleich nach Beamer oder Powerpoint
geschnappt
da sind wir mächtig kreativ
denn das ist derzeit der liturgische Tarif.

Und weißt du nicht mehr aus noch ein
lass das man Kirchens Sorge sein
da hat man stets ein gutes Wort
gegebenenfalls auch mal im Internet geschnorrt.

Ich habe mich schon oft gefragt
doch keiner hat es mir gesagt:
Warum um alles ist denn bloß
der liebe Gott so einfallslos?

**„LOTTERBUBEN", FURZESEL", „JUNGFERN-
SCHÄNDER"**

*Also, wo der Luther für die nachfolgenden Gene-
rationen so richtich stilbildend geworden ist, dat
ist ja sein berühmtes Einfühlungsvermögen. Empathie, Wertschätzung, Hochachtung vor dem An-
dersdenkenden – alles vom Allerfeinsten, kann ich
nur sagen.*

*Wenn ihm irgendwie welche quer kamen, dann
hatter se schon mal mit den liebevollsten Kose-
namen bedacht: „Lotterbuben" hatter se immer
genannt, „Rotzlöffel", „Bluthunde", „Scheißpfaffen",
„Furzesel", „unflätige Säcke" und „Jungfernschän-
der" – um et nur mal für den Moment noch wat ju-
gendfrei zu halten. Also ganz großes Kino, wat die
Grundkompetenzen seelsorgerlichen Verhaltens
anbelangt. Mobbing auf Facebook ist nix dagegen.*

*Wie ich da getz drauf komm? Ach so, genau. Die-
se ganz neue Form von Respekt und Toleranz anderen gegenüber, die nun mal nicht so wollen wie
man selbst, sprach sich dann ganz schnell rum. Sogar bis nach Genf, wo ja der Johannes Calvin dat
Sagen hatte.*

*Hier, nehmen wir z.B. nur mal den berühmten
„Fall Servet". Also, der Michael Servet, dat war*

vielleicht einer, dat können Se mir aber echt glauben. Der hatte seinerzeit doch tatsächlich die Stirn gehabt, in einer theologischen Frage eine andere Meinung zu haben als der Calvin. Ich glaub, et ging um die Trinitätslehre oder sowat, die ja heutzutage bekanntlich jedes kleine Kind erklären kann.

Widerspruch konnte der Calvin nun allerdings so gar nich ab. Er war ja an sich mehr reformiert, aber wennet um die eigene Meinung ging, da konnter manchmal so richtich den Luther rauskehren. „Bitte keine Widerworte", hatter immer gemeint, wenn ihm wer widersprechen tat. So wie Muttern seinerzeit. Auch in pädagogischer Hinsicht also waren diese Burschen durchaus wegweisend. Man sollet nich für möglich halten.

Getz also der Servet mit seinen Widerworten, wat ja, wie wir gesehen haben, beim Johannes Calvin nich so gut kam. Ja und nun zeigte sich der große Reformator in seiner ganzen menschlichen Größe und seelsorgerlichen Einfühlsamkeit. Er ließ den Michael Servet einfach kurzerhand über die Klinge springen. Scheiterhaufen. Ende, aus, Feierabend. Warum sollte man den armen Kerl auch noch länger in seinen furchtbaren Irrtümern schmachten lassen? Geradezu unmenschlich. Der Luther hat wahrscheinlich noch nachträglich vor Ärger im Grab rotiert, datter früher nich mal selbst auf sone gute Idee gekommen is.

Und ich finde, wir könnten uns von dieser einfühl-samen Art der zuwendenden Begleitung in per-sönlichen Krisensituationen immer noch eine di-cke Scheibe abschneiden. Wenn ich mir nämlich so angucke, was da heutzutage an Seelsorge auf die Menschheit losgelassen wird, dann wird sich manch einer wahrscheinlich noch nach einem be-freienden Scheiterhäufchen zurücksehnen ...

TELEFONSEELSORGE

Ja, hier Telefonseelsorge im Kreis Schwafinghausen-Sülzendorf. Wer bitte? Heiko, 34 Jahre, aus Götterswickerham am Niederrhein? Ist das richtig? Alles klar. Nein, ich kann Sie gut verstehen. Was? Ah ja, danke. Danke, Heiko, dass Sie meine Stimme sympathisch finden. Das ist ja auch immer wichtig für den Erstkontakt.

Heiko, lassen Sie uns gleich zur Sache kommen. Weshalb haben Sie angerufen? Ah, ja ... verstehe ... mh ... ja, ja, ja. Alles Roger. Heiko, lassen Sie mich mal kurz unterbrechen. Nur, damit ich's auch für mich ein wenig klarer kriege. Ich wiederhole es mal gerade mit meinen Worten, was momentan so bei mir rübergekommen ist: Sie sind enttäuscht. Fühlen sich unsicher. Ohnmächtig. Ausgeliefert. Verbittert.

Wissen Sie was, Heiko, ich möchte das zunächst einmal ganz einfach ein Stück weit wertschätzen. Ich kann das gut verstehen, was Sie mir da gerade von sich erzählt haben. Völlig nachvollziehen. Ich kenne das manchmal auch so ein bisschen von mir selber. Und deshalb finde ich es toll, dass Sie das so zulassen können.

Was ich nämlich im Augenblick so ganz stark bei Ihnen raushöre, und das mein ich jetzt auch so, wie ich das sage, das ist so ein Stück Enttäuschung. So ein Stück Unsicherheit. Ohnmacht. Ausgeliefertsein. Verbitterung.

Wenn ich ehrlich bin, spüre ich da am anderen Ende der Leitung momentan auch so ein wenig Trauer heraus. Liege ich da richtig? Wusst ich's doch. Übrigens mal so zwischendurch. Ich weiß nicht, ob Sie schon mal davon gehört haben ... ja, ja, genau. Diese berühmten Trauerphasen von Elisabeth Kübler-Ross. Danach sind Sie durchaus noch im grünen Bereich. Keine Panik.

Wenn ich mich täuschen sollte, müssen Sie es mir sofort sagen. Aber ich habe den Eindruck, als wenn sich da jetzt auch eine ganz kleine Träne auf Ihre Wange verirrt hat. Stimmt's, Heiko? Heiko! Sie sagen ja gar nichts mehr. Ja, lassen Sie Ihren Gefühlen ruhig ihren Lauf. Ich kann in der Zeit ja schon mal weitermachen.

Wenn ich da gerade mal so vom Fachlichen etwas einwerfen darf. Da gibt es inzwischen so eine neue wissenschaftliche Studie. Die haben tatsächlich herausgefunden: Wenn jemand weint, dann hat das manchmal auch ganz viel mit einem selber zu tun. Insofern könnte so eine Träne auch ein durchaus wertvolles Signal sein. Irgendeine uneingestandene Bindungsschwäche. Oder der verschlüsselte Versuch einer unkonventionellen Kontaktaufnahme. Oder auch ein frühkindliches Trauma, das sich in einer symbolischen Konfiguration kreativen Ausdruck verschafft. Deswegen mein Hinweis: Gucken Sie doch da noch mal genau hin. Was so Ihre Anteile daran sind.

Vielleicht auch so ein kleiner Tipp am Rande. Kein Ratschlag, um Gottes willen! Ratschläge können ja auch immer Schläge sein. Das wissen Sie sicher besser als ich. Aber ich habe da so eine Idee. Was Sie dann draus machen, ist völlig Ihre Sache. Nehmen Sie nachher mal einen Bleistift und ein Stück Papier zur Hand und schreiben einfach auf: Was mir meine Träne erzählt.

Vielleicht wird ja eine kleine Geschichte daraus, wer weiß. Womöglich sogar ein ganzer Roman. Ja, wissen Sie, wie die Buddenbrooks entstanden sind? Übrigens, der Film ist nicht schlecht. Ein bisschen kostümlastig, okay, aber im Ganzen doch gut gemacht. Vielleicht liegt da dann aber auch mit einem Mal ein kleines Gedicht vor Ihnen. Ein Sonett, ein Haiku oder auch nur ein Elfchen. Doch da sollten Sie sich jetzt nicht unnötig unter Druck setzen.

Heiko, ich schau gerade mal so ein bisschen auf die Uhr. Ich würde jetzt gerne mit Ihnen eine kleine Vereinbarung treffen, ja? Wäre das okay so? Sie sagen mir, was Sie sich von mir wünschen. Und im Gegenzug dazu bin ich Ihnen dafür überhaupt nicht böse, ja? Wäre das okay so?

Okay, ich höre. Ah, ja … verstehe … mh … ja, ja, ja. Alles Roger. Heiko, wissen Sie, was ich mittlerweile glaube? Wirklich, wirklich glaube? Sie sind ein ganz Lieber. Ja. Ein ganz, ganz Lieber. Und darum sind Sie wahrscheinlich auch so enttäuscht und verbittert. Das hängt ja in der Regel alles miteinander zusammen.

Und deshalb machen Sie doch heute Abend einfach mal ein kleines Experiment. Sie stellen sich im Badezimmer vor den Spiegel und sagen ganz langsam: Ich habe dich lieb. Und auch deine Enttäuschung, die habe ich ganz lieb. Und deine Unsicherheit, deine Ohnmacht, dein Ausgeliefertsein, deine Verbitterung, deine Trauer und deine Tränen, das alles habe ich ganz lieb.

Heiko, könnte es das sein? Ja? Können wir das mal so stehen lassen? Wäre das okay so? Ich habe da im Augenblick jedenfalls ein ganz gutes Gefühl. Ja, sicher. Für mich fühlt sich die Sache für den Moment absolut rund an.

Was? Na klar haben Sie es hier mit absoluten Profis zu tun. Das haben Sie doch wohl gemerkt, oder?

♪ Ich fühl mich gut
    bin echt betroffen und voll Wut
    ich fühl mich gut
    das Gute liegt mir schwer im Blut
    ich bin erschrocken und empört
    ich bin bestürzt und tief berührt
    ich fühl mich gut.

Deine Probleme find ich cool
weil ich so gern darinnen pul
und all das Elend dieser Welt
kommt meistens wie für mich bestellt
ob Deichbruch Darmbruch Attentat
Neurose Brandsatz Herzinfarkt
ich fühl mich gut.

Ein Stück weit kann ich dich verstehn
wahrscheinlich ist das narzisstogen
ich steh mit meinem verständnisvollen
Herzen
total auf andrer Leute Seelenschmerzen.

Ich spür im Innersten genau
wenn wieder mal ein Ethikstau
bei jedem kleinen Vorurteil
werd ich sogleich gesinnungsgeil
ich bin entrüstet und betroffen
von meinem hochprozentigen Gewissen völlig
besoffen
ich fühl mich gut.

Für alle Leiden, alle Not
danke ich täglich dem lieben Gott
im Schaumbad meiner
phosphatfreien Charaktergröße
bekämpf ich per Fernbedienung
das Schlechte und das Böse.

Ich fühl mich gut
bin echt betroffen und voll Wut
ich fühl mich gut
das Gute liegt mir schwer im Blut
im bin erschrocken und empört
ich bin bestürzt und tief berührt
ich fühl mich gut.

„ ... IM ÜBRIGEN REGIERT MICH DER HEILIGE GEIST"

Dat der Luther sich immer wieder auf die Bibel berufen tat, ist ja schon mehrfach deutlich geworden. Aber, so hatter auch immer betont, dat alles wär nix, wenn nich der Heilige Geist noch am Ende seinen Senf dazugeben tät.

„Sein Eheweib zu lieben, Kinder zu zeugen, sein Haus zu regieren, der Obrigkeit gehorsam zu sein und dergleichen", dat alles wärn, wie er sich manchmal so 'n bissken verschwurbelt auszudrücken pflegte, „Früchte des Geistes". Dat die Kirche nicht ganz ohne den Heiligen Geist auskommt, damit hatten wir ja fast schon gerechnet. Aber dat nun auch „Kinder zeugen" eine Frucht des Geistes sein soll, auf die Idee muss man erst mal kommen. Na, mangelnde Originalität wird man dem guten Luther jedenfalls nich vorwerfen können. „In häuslichen Dingen füge ich mich der Käthe", hatter immer so halb scherzhaft gesacht. „Im übrigen regiert mich der heilige Geist."

Nun kloppen se sich ja schon seit Jahrhunderten drum, wat dat denn nun eigentlich genau ist, der Heilige Geist. Tja, gute Frage.

Die einen meinen ja, der Heilige Geist wär sowat wie ne Taube. Weil aller Segen nun mal von oben käm. Wohl wahr, wenn ich allein nur an die Tauben bei uns am Duisburger Rathaus denke, wat die da alles von oben von sich geben.

Aber im Ernst: Die andern meinen, der Heilige Geist sei sowat wie ein Gespenst, das schon mal so durch die Gegend geistert und die Menschen wat ärgert, wie z. B. der Canterville Ghost, der uns da seinerzeit schon im Englischunterricht gepiesackt hat.

Wieder andere sind getz in letzter Zeit so mit dem Universum dran. Da würd irgendwo der Geist rumschwirren, dessen man dann in seinem Innern gewahr würd, wenn man z. B. an so 'm spirituellen Seidenmalkurs in der Toscana teilgenommen hätt.

Der Luther seinerseits hat dat mit dem Heiligen Geist doch eher locker gesehen. Wie hatter immer gemeint? „Der Geist macht das Herz lustig zum Guten.“ Lustig zum Guten. Dat isset vielleicht. Alles am Ende nur Scherz, Satire, Ironie. Warum is da sonst noch niemand drauf gekommen?

REALSATIRE KIRCHE

Da gab es irgendwo zwischen der Oberlausitz und der niederrheinischen Tiefebene eine Kirche. Die sang oft und gerne das schöne Lied „O komm, du Geist der Wahrheit und kehre bei uns ein". Aber die Einkehr des Heiligen Geistes schien sich im Laufe der Jahre etwas hinzuziehen. Deshalb entschloss man sich, der Verbreitung des „Lichtes und der Klarheit" ein wenig auf die Sprünge zu helfen.

Da war z. B. die Heilige Schrift mit ihren vielen unverständlichen Worten. Warum sich noch Sonntag um Sonntag mit ihnen abrackern, wenn es doch mittlerweile diese vielen hübschen religiösen Symbole gab, die alles viel einfacher sagten als tausend Worte? Ein familiengottesdiensttauglicher Luftballon etwa, an dem etwas von Himmel und Erde vor Augen geführt werden konnte. Eine eindrucksvolle Powerpoint-Präsentation mit einer Pusteblume vor untergehender Abendsonne und einem wunderschönen Rilke-Gedicht. Ein leibhaftiger bauchsprechender Kakadu – oder war's eine niedliche kleine Kirchenmaus? Na egal, jedenfalls eine dieser neuen originellen Figuren, die den vielen, vielen ansonsten zu dummen Kinderchen wieder und wieder irgendetwas auf sehr lustige Weise „rüberbrachte", wie es nun allenthalben hieß. Ach, es war schon ein rechtes „heilig Feuer", das da landauf, landab „Herz und Lippen" anrührte.

Und weil das mit der Verkündigung nun mit einem Mal so gut klappte, entschloss man sich, dem Heiligen Geist auch sonst ein bisschen unter die Arme zu greifen. Da die Mittel knapp wurden, beauftragte man zunächst einmal eine Unternehmensberatung, die den alten Laden mal wieder so richtig in Schwung bringen sollte.

Als Erstes wurde zunächst einmal eine attraktive Homepage ins Netz gestellt. Endlich, endlich konnte man nun von Tokio bis San Francisco per Mausklick in Erfahrung bringen, wann etwa die Krabbelgruppe sich mittwochs morgens im Gemeindehaus traf. Sehr hilfreich. Auch die vielen älteren Gemeindeglieder waren für diese technische Neuerung überaus dankbar. Wie oft hatten sie sich in der Vergangenheit darüber geärgert, wenn ihnen der alte Gemeindebrief in den Briefkasten gesteckt oder gar noch persönlich überreicht wurde. Mit diesen Belästigungen hatte es gottlob ein Ende. Dass auch der Pfarrer nur noch selten vorbeischaute, war gar nicht tragisch. Konnte man sich doch sein sympathisches Gesicht – wieder per Klick – zu jeder Tages- und Nachtzeit in die einsame Wohnstube downloaden. Ja, es war schon ein rechter Segen, der da von dieser – wie hieß es noch – „digitalen Kommunikation" ausging. „Trug und Schein" waren jedenfalls fürs Erste verbannt.

Auch der letztlich überflüssige Gang zur Kirche war nicht mehr nötig. Wenn man unter www.kirchenkreis.de nur den richtigen Link erwischte, so hatte man gleich eine „Predigt zum Hören" auf dem Rechner. Der berühmte Satz „Ich muss nicht jeden Sonntag in die Kirche rennen!" bekam jetzt eine ganz neue Aktualität. Beine hoch und Chipstüte daneben – der Sonntagmorgen kann so schön sein.

Auch dass die Prediger und Predigerinnen im Laufe der Jahre immer weniger Zeit fanden, die Nase einmal in die Bibel zu stecken, stellte kein wirkliches Problem mehr dar. Wozu gab es Google und all die vielen anderen herrlichen Segnungen des World Wide Web? So waren die Pastoren in der Lage, die dadurch gewonnenen Stunden wieder für die sorgfältige Gestaltung der gemeindlichen Homepage zu nutzen. Eine Art geistliches Recycling – Heiliger Geist hin oder her.

Ringsum in den Gemeinden hatte man fortan nichts Eiligeres zu tun, als die „scharf geschliffnen Waffen der ersten Christenheit" hurtig zu ergreifen oder – um es mit Worten eines bekannten Bischofs zu sagen – „evangelisches Profil" zu zeigen. Wo evangelisch draufstehe, solle gefälligst auch evangelisch drin sein, hatte er immer wieder eingefordert. Das Verkaufsvokabular von Aldi hatte sich also jetzt schon bis in die obersten Etagen der Kirche hochgedient. Evangelium als Ware. Warum nicht? Auf diesen genialen Einfall war selbst der Heilige Geist nicht gekommen. Marktanalyse, Kundenbedarfserhebung, Produktoptimierung und ausgeklügelte Marketingstrategien – der „werte Tröster", den „unser größter Regent uns zugesagt" hatte, stand jetzt griffbereit in allen Regalen des großen „Marktes der Sinnanbieter", wie es jetzt trendgerecht nur noch hieß.

Tja, womit ließ es sich nicht alles trösten „in dieser schlaffen und glaubensarmen Zeit"! Die Frauenhilfe beschloss die Einführung von Tischkarten, um dem unwürdigen Gerangel um die Stammplätze endlich ein Ende zu machen. Der Männerkreis organisierte einen couragierten Grillabend mit Pils vom Fass und DJ Ötzi vom Band. Die Teilnehmerinnen des christlichen Frauenfrühstücks gestalteten voller Liebe ein eigenes Poesiealbum mit den schönsten Wohlfühlgeschichten vom Kleinen Prinzen. Junge Leute begeisterten sich plötzlich für Non-stop-Video-Nights im Partyraum des Gemeindehauses, um den Erlös der nächsten Jesus-Spaßfete zukommen zu lassen. Und beim Familienbildungswerk konnte man nun günstige Kurse in männergerechter Sprache und angstfreiem Pfannkuchenbacken buchen. Keine Konfirmation ohne einen irischen Reisesegen – neuerdings übrigens ganz preisgünstig im Hardcover und mit einliegender CD. Keine kirchliche Trauung mehr ohne Gospelchor. Keine Beerdigung ohne einen nachdenklich machenden Grönemeyer-Song. Gut, dass der „werte Tröster" endlich ein angemessenes Management gefunden hatte.

Auch die Sache mit den Finanzen war bald geregelt. Die Consulting-Firma hatte nämlich die glänzende Idee gehabt, einfach ein paar Kirchengebäude, Gemeindehäuser, Jugendheime und Kindergärten dichtzumachen.

Glücklich waren jetzt vor allem die Kinder und die Alten. Konnten sie sich doch während der langen Fahrten mit öffentlichen Verkehrsmitteln hin zu den Gruppen und Kreisen in weit entlegenen Stadtteilen noch ein wenig über den Sinn des Lebens unterhalten. Da war es nur noch ein Klacks, einen Großteil der hauptamtlichen Mitarbeiter in der Verwaltung, in der Diakonie und nicht zuletzt in der Kirchenmusik betriebsbedingt zu „entsorgen", wie es in Anspielung auf den kirchlichen Auftrag zur Seelsorge ein wenig scherzhaft, aber in der Sache durchaus treffend hieß.

So hatte die Kirche doch noch alles gut in den Griff bekommen. Der „Geist der Wahrheit", von dem man in alten Zeiten so oft gesungen hatte, hatte sich zwar inzwischen schmollend in irgendeine Ecke verzogen, aber das fiel gar nicht mehr auf. War doch allenthalben ein emsiges Schaffen und Machen, ein Wuseln und Organisieren, ein Planen und Programmieren, ein In-die-Hände-Spucken und geschäftiges Treiben im Gange, dass es nur so eine Art hatte …

Was? Das alles sei gar keine Satire? Sondern längst Realität? Entschuldigung, da muss ich wohl irgendetwas missverstanden haben.

♪ Ich schau so gern
zur Kirche rein
und lass für den Moment
den alten Alltag Alltag sein
ich sitze gern
auf einer Bank
und guck den ganzen Tag
am grauen Seelendunst entlang
durch mein Gemüt
zieht zaubersam
so mancher melodramer Nebelkram
Profanes und Prosaisches
Erbaulich und Erstaunliches
ja selbst ein wenig Weltschmerz darf es sein.

Dann schenk ich mir
so klein bei klein
auf dass es niemand sieht
ein Tässchen Guter-Mensch-Sein ein
das einen nebenbei und sacht
auch manchmal ohne dass man's merkt
ein wenig frösteln macht
der große Himmel obendrein
lädt flehentlich uns zum Verweilen ein
sein sanfter Blick und sein Geruch
die dulden keinen Widerspruch
drum schaue mit mir rein
und das nicht nur zum Schein
drum schau mit mir
nicht nur zur Kirche rein.

LUTHER ALS FRÜHER FRAUENVERSTEHER

Wat ja bis heute nie so richtich zur Sprache ge-kommen is, dat is, dat der Luther im Grunde sowat Ähnliches wie ein früher Frauenversteher war. Ja, Tatsache. Vor allem seiner eigenen Frau gegen-über warer immer von höchster Wertschätzung: „Ich würde meine Käthe nicht gegen Frankreich oder Venedig eintauschen", hatter immer gesacht. Grund: „Andere Frauen haben größere Mängel, als meine Käthe sie hat." Tja, so 'n Komplement kann man sich doch als Frau hintern Spiegel stecken.

Damit is dann auch schnell die Brücke zum The-ma allgemein geschlagen. Nämlich wat et mit den Frauen an sich auf sich hat. „Unkraut wächst schnell, darum wachsen Mädchen schneller als Jungen", hatter schommal so scherzhaft bemerkt, ohne zu ahnen, dat er auch damit seiner Zeit weit voraus war. Denn wenn man sich klar macht, dat et „Unkraut" ja mittlerweile gar nicht mehr gibt, sondern dat et – wie wir von den GRÜNEN wis-sen – korrekterweise „Wildkraut" heißen muss und dat et ohne dem gar nich sowat wie Roibuschtee oder fair gehandelte Marmelade gäb, dann zeugen solche Äußerungen doch von einem ziemlich ho-hen Respekt dem anderen Geschlecht gegenüber.

Deshalb hat sich der Luther auch immer wieder für einen wertachtenden Umgang mit den Frauen generell ausgesprochen: „Frauen soll man loben, es sei wahr oder gelogen." Oder auch: „So soll man die Weiber regieren, nicht mit großen Knütteln, Flegeln oder ausgezogenen Messern, sondern mit freundlichen Worten, freundlichen Gebärden und mit aller Sanftmut." Tja, da is im Grunde die ganze Emanzipation einschließlich des berühmten „neuen Mannes" schon vorweggenommen. Weshalb er seine bessere Hälfte auch schommal scherzhaft „mein Herr Käthe" genannt hat.

Von daher is auch nachvollziehbar, weshalb beim Luther in aller Hochachtung vor der Weiblichkeit auch immer so 'n Stücksken männlichen Schiss am Mitspielen is. Lange, bevor Siegmund Freud dat dann noch mal theoretisch unterfüttert hat: „Ich liege oft meiner Käthen an der Seiten. Und ist sie auch eine liebevolle Frau, tritt mir doch derweil der Angstschweiß aus." Man kenndet. Aber warum dat so is, dat hat bislang weder der Luther noch der Freud so richtig rausgekricht.

EINFACH PECH

Manche Leute haben aber auch ein Pech. Das gibt es gar nicht. Wahnsinn. Stehen morgens auf, treten schon in 'nen Haufen Scheiße. Ja, so ist es doch. Ich zum Beispiel habe jetzt das Pech, dass ich ein Mann bin. Ja, Sie lachen. Aber meinen Sie, das wäre schön, so für alles Unglück dieser Welt verantwortlich zu sein?

Jedenfalls geht es mir ganz schön mies, seit ich kürzlich die neueste Nummer des Mitteilungsblattes der „Vereinigten Furien von Bad Niederbreisig" in die Finger bekommen habe. Hungerkatastrophen, Ausbeutung der sogenannten „dritten Welt", Arm-Reich-Gefälle, Eurokrise, Ozonloch, Waldsterben, Legebatterien – haben uns alles die Männer eingebrockt. Na toll.

Und weiter: das ganze neue soziale Klima, Konkurrenzneid, Karrieredenken, Ellenbogengesinnung, Egotrips und was weiß ich noch alles für moralischen Schweinskram – alles Zeichen einer typischen Männergesellschaft. Autofahren z. B. – auch so ein machohaftes Potenzgehabe. Jedes durchgedrückte Gaspedal nichts anderes als eine nicht ausgelebte Erektionsphantasie. Sicher, konntest du alles haarklein da nachlesen.

Oder auch hier: Bibel. Das wäre wieder so ganz charakteristisch für unsere patriarchalen gesellschaftlichen

Strukturen. Alttestamentliches Bilderverbot, Kreuzes-
nachfolge, Rechtfertigungslehre des Paulus. So etwas
könnten sich natürlich wieder nur Männer ausdenken.
Sicher, manche Sachen wären jetzt an und für sich gar
nicht so schlecht. Hier z. B. die Geschichte vom barm-
herzigen Samariter. An sich eine Supergeschichte. Aber
sie hätte eben den entscheidenden Schönheitsfehler,
dass da keine Frau drin vorkäme. Und deshalb dann
später konsequenterweise die ganzen Kreuzzüge und
Hexenverbrennungen, die ja bekanntlich auch heute
noch in ihren modernen Formen abliefen.

Apropos: Denken. Ganz schlecht. Kopfarbeit, Ver-
stand, rationale Argumente. Igitt! Ekelhafte masku-
line Ganzheitsverstümmelungen. Die Folgen sind ja
bekannt: Gefühlskälte, Leibfeindlichkeit, ein völlig ge-
störtes Verhältnis zur Natur. Oder haben Sie vielleicht
schon einmal eine Frau gesehen, die sich noch kurz vor
der Aufsichtsratssitzung ein Aspirin reinwirft? Ich
nicht.

Oder Kriege. Dazu seien selbstverständlich nur Männer fähig. Alles nichts anderes als ein widerliches chau-
vinistisches Gockelverhalten. Und wenn dann zufällig
einmal eine Frau Mitglied, sagen wir einmal, Außenmi-
nisterin einer Bomben werfenden Regierung sei, dann
sei das eben im Grunde gar keine richtige Frau. Dann
seien das zumindest typisch männliche Verhaltensmus-
ter, deren sich diese Frauen nur bedienten. Aus welchen
männergeschädigten Gründen auch immer.

Ich habe mich immer schon über mich selbst gewundert: meine abgrundtiefe Emotionslosigkeit, meine böse, böse Lustfeindlichkeit, meine schreckliche Unfähigkeit, dauerhafte Beziehungen einzugehen, meine notorische Weigerung zu reden, mein neurotischer Zwang zur Sachlichkeit, meine pathologische Sucht nach einer plausiblen Begründung, meine absolute Inkompetenz, Gefühle zuzulassen, meine grauenhaft guten Mathenoten damals, mit denen man bekanntlich nichts anderes anfangen kann, als KZs zu bauen – woher das alles nur?

Es scheint uns – letztlich ja auch nur bedauernswerten – kleinen Paschas ja geradezu in die Wiege gelegt zu sein. Alle Übel dieser Welt – wahrscheinlich nichts anderes als ein billiger genetischer Code. Noch bevor man „Piep" sagen kann, gehört man schon – schwupp – zu dem Teil der Menschheit, der für alles Schlechte zuständig ist. „Dumm gelaufen, Frau Neumann. Es ist ein Junge." Wie viele Eltern zucken nicht täglich bei solchen Meldungen zusammen?

Pech. Einfach Pech. Dabei habe ich noch verhältnismäßig viel Glück gehabt. Glück im Unglück sozusagen. Dass ich nämlich das Mitteilungsblatt der „Vereinigten Furien von Bad Niederbreisig" überhaupt in die Finger bekommen habe. Es ist ja bekanntlich schon etwas, sich das alles überhaupt klarzumachen – wenn man schon nichts dran ändern kann und will, wie da schließlich auch noch zu lesen war.

Gut, natürlich haben die Frauen manchmal auch Pech. So ist es jetzt ja nun auch wieder nicht. Dass es z. B. im Deutschen „der Zyklus" heißt, ist einfach dumm gelaufen. Gebongt. Aber moralisch … moralisch gesehen haben die Frauen damit, dass sie Frauen sind, ganz einfach einen Riesendusel gehabt.

Ich glaube, das ist die ganze Erklärung.

„ICH ARMER, STINKENDER MADENSACK"

Also, um getz mal auf wat anderes zu sprechen zu kommen, so richtig viel hergemacht um seine Person hat der Martin Luther eigentlich selten. Ganz im Gegenteil. „Was ist schon Luther?", hatter schon mal so nebenbei verlauten lassen. „Ein armer, stinkender Madensack." Klassische protestantische Demutshaltung also.

Auf den verschiedenen Porträts, die wir von ihm haben: ewig nur dieselben Klamotten an. Deswegen hatter auch ständig Stress mit seiner Frau gehabt. „Du, Mordin ..." – sie stammte ja aus den neuen Bundesländern – „... du, Mordin, mei Gutster, meenste nisch ooch, dass dei Ludderrock, den de da immer offen Gedenkbriefmorgn drägst, mal wieder inde Wäsche könnte?"

Aber mit sowat hat der Luther ja grundsätzlich keine Verträge gehabt. „Hörens, Frau Lutherin", hatter ihr da schon mal ein' beigestrichen, „vielleicht hasset noch nicht so richtig mitgekricht, aber wir sind nun mal evangelisch. Und die Evangelischen haben et gerne 'n bissken schlicht. Ich brauch dat alles nich. Wir haben dat Wort und nix als dat Wort. Dat reicht."

Tja, und seither haben wir es mit der berühmten evangelischen Schlichtheit und Bescheidenheit zu tun. Kennen Se vielleicht: Zum Gottesdienst nicht mit einem protzigen VW Polo oder gar intellektuell aufgebrezeltem Hollandrad vorgefahren, sondern mit einem schnuckeligen kleinen BMW 4er, 8 Liter, „Kraft gepaart mit Eleganz", einfaches Interlagos Blau Metallic, möglichst in der Seitenstraße abgestellt, weil man ja nicht so viel um sich hermachen will. Und es ja schließlich nur auf die Sache ankommt.

POSTPROTESTANTISCHER FARBENREICHTUM

Sehr verehrte Frau Pfarrerin, sehr geehrter Herr Pfarrer!

Mit Aufmerksamkeit verfolgt unsere Firma das neu erwachte Interesse Ihrer Kirche an liturgischen Farben. Wie man hört, besteht eine allgemeine Sehnsucht, sich endlich von der bekannten protestantischen Leichenblässe abzuwenden. Das hat uns hellhörig werden lassen. Farben sind nun einmal seit Generationen unsere Sache.

Deshalb dürfen wir uns wohl den fachlichen Hinweis erlauben, dass es mit der üblichen liturgischen Paramenten-Palette Weiß, Violett, Rot, Grün, Schwarz durchaus nicht getan sein muss. Was für „herrliche" – wenn uns diese kleine theologische Anspielung in dem Zusammenhang einmal erlaubt sein darf – Farbvariationen und Nuancen sind da doch mittlerweile auf dem Markt!

Ein einziger Blick in irgendeinen x-beliebigen Kleinwagen-Katalog entführt uns doch bereits in die schillernd-mystische Welt der visuellen Begehrlichkeiten: Le-Mans-Bleu, Granatapfel-Rot, Fjord-Green, um nur einiges anzudeuten. Und wir denken uns: Hier wäre auch einiges für Ihre Kirche drin. Kolorierte Hüllen – siehe etwa die Kriegsbemalung der Huaorani-Indianer – haben schließlich seit jeher eine hohe religiöse Bedeutung.

Wie wäre es z. B. mit einem leichten ponchoartigen Casel in Champagner für die kleinen Gelegenheiten, etwa eine kirchliche Trauung? Blumengestecke, Brautkleid und Namenskärtchen für die Gäste wären entsprechend farblich abzustimmen.

Oder wir könnten uns auch ein weiblich korrektes maturorotes Schweißtüchlein mit schlammfarbenen Wollsocken für die Frau Pfarrerin anlässlich der beliebten Mutter-Erde-Andachten denken.

Für den klassischen protestantischen Betroffenheitsgottesdienst empfehlen wir entweder das eindeutige Schwarz-Weiß-Beffchen (als das deutlichere Zeichen) oder aber das sich mittlerweile sehr gut verkaufende Talar-Modell „Belanglos" in dezenter Beige-Grau-Melierung, um gleich beim Anblick des Predigenden die Erwartungen nicht unnötig hochzuschrauben.

Familiengottesdienste sollten auf eine auch didaktisch wertvolle Antependien-Serie in Pink, Karamell oder Imola-Rot nicht verzichten. Viele emotionale Anknüpfungspunkte und Mitmacheffekte sind so bereits erfolgversprechend vorprogrammiert: die Weihnachtsgeschichte aus der Sicht eines Panthers. Karamell-Eis oder worauf ich mich sonst noch in den Sommerferien freue. Was uns Schumis linker Vorderreifen über unser Leben als Rennstrecke zu sagen hat. Um nur einiges zu nennen.

Über Stolen in Orinoco-Metallic bzw. in künstlerisch ausgewogener Zimt-Ecru-Mischung brauchen wir Ihnen wahrscheinlich keine ausführlichen Referenzen beizufügen. Diese bekannt attraktiven Textilien haben sich seit Langem etwa bei der Einweihung von lokalen Autohäusern oder der Segnung von heimatverbundenen Männerstammtischen bewährt.

Das alles ist zugegebenermaßen noch eher an hergebrachten Paradigmen orientiert. Die evangelische Kirche – da sagen wir Ihnen ja nichts Neues – hat doch immer schon ein weites ästhetisches Herz gehabt. Da sollten perspektivisch vielleicht noch ganz andere optische Gestaltungsmöglichkeiten drin sein.

Wir denken da z. B. an ein kommunikatives Background-Magenta im Chatroom einer kreiskirchlichen Drogenberatungsstelle, an die Lackierung des diakonischen Pflegedienstmobils in Phantom-Schwarz (wegen der notorisch eingebildeten Kranken, Sie verstehen schon), an einen Flyer der christlichen Landjugend in dezentem Dotter bzw. alternativem Edelmahagoni oder aber auch an einen schlicht gehaltenen Leineneinband des landeskirchlichen Haushaltsplans in einem desillusionierenden Debakel-Grau. Kirche kann so bunt sein.

Im Übrigen nehmen wir erfreut zur Kenntnis, dass sich offensichtlich nun auch in der evangelischen Kirche das alte Marketing-Dogma durchzusetzen scheint, wonach es bei einem Produkt erwiesenermaßen nicht auf den Inhalt, sondern ausschließlich auf die Verpackung ankommt.

In der Hoffnung auf eine farbenreiche Kooperation,

Clerical Colours Consulting

VORHERBESTIMMUNG ZUM GUTEN

Noch 'n Wort zu Luther und Calvin. Im Unterschied zu dem Wittenberger Reformator hat sich der Johannes Calvin ja vor allem mit seiner berühmten Prädestinationslehre einen Namen gemacht. Tja, wie soll ich Ihnen dat getz auf die Schnelle erklären?

Also: Prädestination, zu Deutsch: Vorherbestimmung. Dat meint, dat all dat, wat wir hier unten auf Erden anstellen, ob gut oder böse, dat dat alls schon irgendwo da oben auf so 'm Masterplan gespeichert ist.

Und getz kommen natürlich die Probleme. Die einen fragen sich nämlich: Ja, Moment, wenn es schon alles vorherbestimmt ist, wat soll ich mich dann überhaupt noch am Riemen reißen?

Hier, meine Helma z. B. Ewig nur am Rummaulen. „Kannze nich mal dies, kannze nich mal das. Kuck mal, wie deine Schuhe schon widder aussehen. Abfall könnze auch mal widder runterbringen." Und so weiter. Man kenndet.

Hier mit der Prädestinationslehre in der Tasche werd ich ihr demnächst einfach sagen: „Weiße wat, Helma, dat ich getz erst mal hier in Ruhe meine

Sportschau zu Ende gucken tu, da kann ich gar nix für. Dat is alles vorherbestimmt. Prädestination, wenne schon mal wat von gehört hast. Tut mir leid, den Mülleimer musse heute schon mal selber runtertragen."

Tja, schön wäret. Aber an der Stelle hat der Johannes Calvin immer gesagt: So einfach, wie ihr euch dat denkt – nur damit ihr mal ungestört vor de Glotze sitzen könnt – isset mit der Prädestination aber auch nich. Et gibt nämlich, genau gesacht, gar keine einfache Prädestination, sondern immer nur eine doppelte. Doppelte Prädestination, dat isset. Vorherbestimmung zum Guten und Vorherbestimmung zum Schlechten. Himmel oder Hölle.

TANTE RUTHILD

In dem Zusammenhang fällt mir übrigens immer unser Tante Ruthild ein. Tja, wann hat man sich das letzte Mal gesehen? Ah ja, auf der Beerdigung vom Onkel Heinz. Wie se damals mitten auf 'm Friedhof versehentlich statt der Rosen ... den Regenschirm in das Grab geworfen hat. Geht gar nich, sowat.

Ich sachte noch damals direkt für sie: „Die schönen Baccara, echt, und die waren so teuer. Hättste man die vom Markt genommen, hier am Friedhof nehmen se 's doch vom Lebendigen." Aber Tante Ruthild hat ja schon immer ihren eigenen Kopp gehabt. Schon damals in der Schule ham wir immer gesacht: Die Ruthild, wenn die mit dem Kopp vor de Betonwand läuft, dann tut mir de Betonwand leid. Aber echt.

Ja und getz? Stand se da, war am heulen. Mitten auf 'm Friedhof. „Wat heulze denn so?", fragte ich noch so ganz freundlich für sie. „Wegem Heinz oder wegem Schirm?" Ich glaub, sie wusstet selber nicht so ganz genau.

„Herr Pastor, wat soll ich denn getz machen?", war se getz die ganze Zeit dran. „Dat is nämlich 'n ganz guten. Hier von Rossmann aufe Mülheimer Straße. Wenn Se wissen, wo dat is. Hach, und da bin ich noch so günstig drangekommen. 9 Euro 50 sollter ja ursprünglich kosten. Den ham se mir aber für 'n halben Preis gelassen. Und warum? Nur weil da schon so 'n klein Dötsch am

Griff is. Aber ich bitte Sie, dat kricht doch kein Mensch mit. Dat wird doch niemand gewahr, sowat." Tja, so war se getz die ganze Zeit dran. Mitten auf 'm Friedhof.

„Passen Sie auf, Frau Vinnschen", sacht da der Pastor zu ihr, „das kriegen wir wieder hin. Ich sorge dafür, dass Sie Ihren Schirm wiederbekommen, und Sie geben mir jetzt mal Ihre Rosen. Die stellen wir dann in der Kirche auf den Altar, dann haben alle was davon. Und ich denke, Ihr Herr Bruder hätte auch nichts dagegen gehabt, so wie ich ihn gekannt habe."

Da guckte se nun allerdings wie 'n klein Bagger aus der Wäsche, die Tante Ruthild. Sie ist ja sonst gar nicht so viel für Kirche. Aber da hatte se der Pastor doch anne Angel. Schon war sie am nächsten Sonntag da! Ja, natürlich nur, um ihre Scheiß-Baccara zu sehen, wie se da vorne auf 'm Altar standen. „Sie werden sehen, Frau Vinnschen", meinte der Pastor noch zu ihr, „die halten sich, das ist Qualität, das sieht man gleich. Mindestens ein bis zwei Wochen."

Tja, und dann ist die Tante Ruthild natürlich wieder hin am nächsten Sonntag. Und die Baccara schön wie am ersten Tag. Und am nächsten Sonntag wieder und so weiter. Und Tante Ruthild immer hin. Wochenlang. „Wenn dat dä Heinz noch mitgekricht hätt", war se getz immer dran, „wat tät der sich freuen." Dat die Rosen inzwischen mehrfach die Farbe gewechselt hatten, dat hatte se anscheinend nicht so ganz auf de Reihe gekricht. Und dat die Küsterin nun jeden Samstag zum

Markt hin musste, um Nachschub zu besorgen, auch nicht.

Aber wat sollet? Schon drei Monate später war Tante Ruthild zweite Kassenprüferin inne Frauenhilfe. Ja, wenn dat keine Prädestination zum Guten is, dann weiß ich et auch nicht.

♪ Du brauchst kein Star zu sein
den jeder kennt
nicht Primadonna
und nicht Präsident
auch tut ein Bischofshut
nicht eben not
du musst nicht Diva sein
nicht Fußballgott.

Du brauchst nicht Kanzler werden
nicht Miss World
nicht einsames Genie
nicht Tugendheld
nicht Mutter der Nation
nicht Number One
beim Markt der Eitelkeit kommt's auf was andres an.

Man kennt sich und dreht sich
die Spiegelflächen sind poliert
man trifft sich versteht sich
man plaudert und man applaudiert

heut ist man Gockel morgen ist man Pfau
beim Markt der Eitelkeit nimmt man's
nicht so genau.

Du brauchst nicht Champion sein
nicht Matador
nicht Dirigent und auch nicht Herr Pastor
auch ist der Stuhl des Teamchefs
schon besetzt
sei doch darüber
nicht so sehr entsetzt.

Die gute Botschaft
sie ist knapp und klar
ein bisschen Schaum
ist für uns alle da
das Wichtigste bei Herren
und bei Damen
vor allem: Mach dir irgendeinen Namen.

„KLEINER UNFRIEDEN"

Damit wär'n wir beim nächsten Thema. „Sich einen Namen machen", so wie dat ja bekanntlich schon in der Bibel nicht wirklich gut kommt. Für Luther ging sowat ja grundsätzlich gar nich: „Nehmen sie den Leib, Gut, Ehr, Kind und Weib, lass fahren dahin ..." *Deshalb warer auch grundsätzlich nich dafür, dat man aus falschen Gründen Kriege führt, so wie man dat ja von den Heiden mit ihren verkorksten Moralvorstellungen her kennt, die Kriege nur führen, um „Ehre einzulegen oder reich zu werden", wie er sich ausdrückte.*

Kriege wären nämlich, so hatter gemeint, eigentlich nur dann okay, wenn et wirklich gute Gründe dafür gäb. Und dat wär nun mal der allgemeine Unfrieden in der Welt, also dat „die Leute nicht Frieden halten wollen, rauben, stehlen, töten, Weib und Kind schänden, Ehre und Gut nehmen". Wennet so weit wär, dann müssdet eben Krieg geben. Sozusagen als „kleiner Unfrieden".

Da macht sich unsereiner 'nen Kopp um Krieg, um Blutvergießen, um Hochrüstung und atomare Bedrohung, und der Doktor aus Wittenberg kriegt dat ganze Problem – schnipp! – mit einer einfachen Wortschöpfung geregelt. „Kleiner Unfrieden". Genial.

ES GIBT KEINE KRIEGE MEHR

Ist Ihnen das eigentlich auch schon aufgefallen? Es gibt in letzter Zeit gar keine Kriege mehr. Ja, ganz komisch. Ich weiß auch nicht, wo die ganzen Kriege so plötzlich abgeblieben sind.

Mann, wenn ich dran denk, was wir uns seinerzeit noch in die Rübe geballert haben: Erster Punischer Krieg, Zweiter Punischer Krieg, Dritter Punischer Krieg. Krieg zwischen Athen und Sparta, Gallischer Krieg. „Gallia est omnis divisa in partes tres." Für irgendetwas müssen ja die neun Jahre Latein gut gewesen sein.

Oder später: Türkenkriege, Bauernkriege, Dreißigjähriger Krieg, Siebenjähriger Krieg, Sechs-Tage-Krieg, Spanischer Erbfolgekrieg, Amerikanischer Unabhängigkeitskrieg, Deutscher Krieg, Deutsch-dänischer Krieg, Deutsch-österreichischer Krieg, Deutsch-französischer Krieg, Erster Weltkrieg, Zweiter Weltkrieg, beinahe sogar Dritter Weltkrieg, Koreakrieg, Vietnamkrieg, Bürgerkrieg in Nigeria, Somalia und was weiß ich noch wo, Golfkrieg, Irakkrieg, Balkankrieg und, und, und …

Ja und jetzt? Nischde. Kein Mensch kann mir sagen, wo mit einem Mal die ganzen schönen Kriege hin sind. Wie vom Erdboden verschluckt geradezu. Ganz komisch.

Was meinen Sie? Ich solle doch gefälligst mal nach Afghanistan sehen? Oder nach Mali, in den Kosovo, in den Nahen Osten, nach Syrien oder Somalia?

Ich bitte Sie. Das sind doch gar keine Kriege. Wenn man Glück hat, vielleicht gerade mal so etwas wie kriegsähnliche Zustände. Einzelne Kampfhandlungen, Sicherungseinsätze mit einer gewissen militärischen Komponente. Stabilisierende Maßnahmen unter Inanspruchnahme eines robusten Mandats. Hier und da vielleicht ein paar bewaffnete Konflikte oder strategische Auseinandersetzungen. Rein operative Vorgehensweisen also. Lediglich eine Anpassung an örtliche Verhältnisse. Wenn man so will: eine Art waffengestützte Entwicklungshilfe. „Embedded partnering", wie die Wissenschaftler so schön sagen. „Embedded partnering" – das hat ja fast was Erotisches an sich.

Aber Krieg? Ich meine, jetzt mal nicht nur so im umgangssprachlichen, sondern eben auch im juristischen Sinne, wie uns ja der ehemalige Herr Doktor dankenswerterweise zu unterscheiden gelehrt hat. Also so was Richtiges mit einer ordentlichen Kriegserklärung. Mit Einsatzbefehlen, Oberkommando und Führerbunker. Mit Gewehren und Geschützen, Kanonen und Bomben, Panzern und Raketen, Grabenkämpfen, Luft- und Seeschlachten. Mit anständigen Materialverlusten, zivilen Opfern, richtiggehenden Gefallenen und toten Helden. So was alles haben wir eigentlich doch schon lange nicht mehr gehabt, wenn ich mal so überlege.

Und ich will Ihnen eins sagen: Wenn das so weitergeht, weiß ich am Ende gar nicht mehr, was unsere Kinder in Zukunft überhaupt noch in der Schule lernen sollen. „Krieg?", werden sie uns fragen. „Was soll das nun schon wieder sein?" Wir leben doch in ganz normalen Verhältnissen. Mit allem, was dazugehört: Aufklärungsflüge, strategische Operationen, Sicherungsmaßnahmen, gelegentlich etwas rustikalere Gefechte, von mir aus auch einmal der eine oder andere sicher ausgesprochen ärgerliche Kollateralschaden … aber mein Gott, wir sind hier doch schließlich nicht im Kindergarten! Also bitte: Alles, wie man doch seit Langem weiß, völlig alternativlose Einsätze.

Aber Krieg? Krieg, so werden sie sagen, so was gibt es doch schon lange nicht mehr.

♪ Wo ist der Krieg
    nur plötzlich hingekommen?
    Ich sah ihn gestern noch
    in einem alten Buch
    mit Jahreszahlen
    und Eroberungen,
    mit Siegen, Niederlagen
    und mit Heldenspruch.

    Wo ist der Krieg?
    Man hat ihn uns genommen

aus Kommentaren, Reden,
Statements, schmalen Talks.
Man hört nur von
bedauerlichen Schäden,
kollateralen, doch das
sei nun mal normal.

Wo ist der Krieg?
Ich hätt' ihn gerne wieder.
Nein, nicht ihn selbst,
ich meine nur das Wort.
Das Wort, das einfach sagt,
was ist, wenn Waffen schreien
und Menschen sterben
per Gewalt und vor der Zeit.

Wo ist der Krieg?
Wir haben ihn vergessen,
korrekt entsorgt
im Plauderton der Zeit.
Ich sehne mich so sehr
nach ihm, doch wenn ich ehrlich,
so mehr noch nach dem Ort,

wo Friede mehr ist als ein bloßes Wort.

DIE SAUEREI MIT DEM TINTENFASS

Aber getz zurück zu Luther. Bevor er die Reformation und dat alles erfunden hat, hat er sich ja dauernd in so tiefer Not befunden. „Aus tiefer Not schrei ich zu dir …", hatter immer so vor sich hingesungen.

Und Nöte hatter so manche gehabt. Immer die berühmten Zweifel, die wir heute ja gar nicht mehr so kennen. Ob der liebe Gott noch wat für ihn übrig hätt oder ihn nicht schon längst für die Hölle vorgesehen hätt.

Überhaupt: Mit dem Teufel hatter et ja permanent gehabt. Tag und Nacht. Selbst im Bett. „Der Teufel schläft viel näher und mehr bei mir denn meine Käthe", hatter schon mal so verlauten lassen. Und dat will schon wat heißen.

Überall um sich rum hatter immer gleich den Leibhaftigen gewittert. Und da zu der Zeit die Aikido-Kurse noch nicht so bekannt waren, hatter immer – kreativ, wie er nun mal war – zum Tintenfass gegriffen. Die Sauerei, die dat in seiner Klosterzelle hinterlassen hat, können Se sich ja vorstelln.

Und – PR-Profi, wie er auch nun mal war – hatter dann natürlich auch sogleich einen Song drauf gemacht auf dat Thema. „Dem Teufel ich gefangen lag", hatter in Nullkommanix getextet und komponiert. Riesenhit. Bis heute. „Yesterday" is nix dagegen.

Aber getz mal andersrum gesehen. Wenn man et mal so richtig überlegt, dann wär doch ohne die große Not, die der Luther da seinerzeit immer gehabt hat, die ganze Reformation gar nicht in die Gänge gekommen. Also ich mein, dat dat Böse am Ende vielleicht auch sein Gutes hat. Und wenne dich nur mal so 'n bissken umguckst in der Welt, dann merke bald, wat für 'n heimlicher Segen auch manchmal auf all dem Elend liegen kann. Ja. So komisch et klingen mag.

DIE GUTE ALTE NOT

Wissen Sie, was kann man doch von Herzen froh sein, dass es immer noch die gute alte Not gibt. Das ganz schlichte nackte Elend.

So wie damals nach dem Krieg, als es nichts gab. „Kinder, ihr macht euch ja gar keine Begriffe." „Nein, Onkel Karl-Adolf, wir würden es doch nicht im Entferntesten wagen, uns auch nur irgendeinen Begriff zu machen." Und schon beginnt er zu erzählen, der Onkel Karl-Adolf, von der guten alten Not damals. Als es nichts gab, rein gar nichts. Kein Brennholz, keine Butter, keine Zigaretten, kein Klopapier, kein Nichts.

Aber dafür gab es manches andere. Vieles, was man heute ja überhaupt nicht mehr kennt: Nachbarschaftshilfe, Opferbereitschaft, Herzenswärme, Nächstenliebe.

Wenn man so Onkel Karl-Adolf zuhört, muss es ja seinerzeit, so mal rein menschlich gesehen, geradezu traumhaft gewesen sein. In bitterster Kälte, trotz Hunger und Entbehrung eine Liebe unter den Menschen, eine Solidarität von Haus zu Haus, ein gegenseitiges Sich-Aufhelfen, ein Beistehen und Trösten, dass es nur so eine Art hatte. Äußerlich gesehen sicher eine schwere Zeit, das bestreitet ja niemand. Doch moralisch betrachtet bestimmt wertvoller als manches, was einem heute so an weltfremder Humanitätsduselei und eiferndem Gerechtigkeitsfanatismus geboten wird.

Aber – Gott sei Dank! – gibt es sie ja ab und an wenigstens noch, die gute alte nackte Not. Irgendein Erdbeben in Belutschistan, eine schnuckelige kleine Hungerkatastrophe südlich des Kongo, bürgerkriegsähnliche Zustände da, schreiendes Flüchtlingselend dort. Grauenhaft das alles natürlich auf eine Art. Aber andersherum gesehen auch wieder gar nicht so schlecht.

Immerhin erspart es Pastor Kaltefleiter eine Menge Arbeit bei der leidigen Suche nach knackigen Beispielen für seine sonntäglichen Fürbitten.

Auch gibt es Eugen Drewermeier einmal mehr Gelegenheit, ein betroffenes Gesicht zu machen.

Und Maybritt Maischberger, intelligent, wie sie nun einmal ist, hat so die Möglichkeit, ihrem ausländischen Gesprächspartner die überraschende Frage zu stellen, ob nicht manchmal auch wirtschaftliche Gründe eine Rolle dabei spielten.

Professor Karasinski nutzt die bildungspolitische Chance, um darauf hinzuweisen, dass das Problem menschlicher Tragik schon die Aischylos'sche Orestie kenne, was man sich ja viel zu selten klarmache, während Stefan Rabe flugs ein Wok-Turnier zugunsten der Afghanistanhilfe organisiert. Großartig.

Die immer für die bessere Hälfte der Menschheit gute Veronika Berben ist gerade dabei, kaum dass sie von der neuerlichen Misere der einheimischen Bevölkerung vernommen hat, eine CD mit Texten des Dalai Lama aufzunehmen. Bambiverdächtig.

Weihbischof Dr. Klute macht indes darauf aufmerksam, dass al-Qaida im Grunde schon im Kinderzimmer anfange, wenn man nicht rechtzeitig ... Der Rest seines eindrücklichen Beitrags geht im Beifall derer, die es vorher schon wussten, unter.

Zwischen Gummibärchen und „Sex and the City" wird nun rasch das Spendenkonto für den guten Zweck, der mir leider momentan entfallen ist, eingeblendet.

Und nach dem Gottesdienst ist – wie immer – noch Gelegenheit, sich bei einer Tasse fair gehandeltem Kaffee in eine Solidaritätsliste einzutragen.

Sehen Sie, das alles wäre doch nicht, gäbe es nicht immer wieder die gute alte Not.

Deswegen: Wem immer noch wenigstens ein bisschen an so etwas wie Nächstenliebe, Selbstlosigkeit und menschlicher Hilfsbereitschaft gelegen ist, sollte doch bittschön 'n Deubel tun und das Elend in der Welt man hübsch auf sich beruhen lassen.

♪ Was wär was wär was wär
gäb es sie überhaupt nicht mehr
die gute alte nackte Not
im großen Entrüstungsaufgebot.

Wie sehr wie sehr wie sehr
läg das der Guttat-Quote quer
denn wo blieb sonst Gelegenheit
zu innerer Erhebung
zu Anstand und Empörung
und manchem andren Zeitvertreib.

GUTE WERKE

So ne ganz komplizierte Geschichte beim alten Lu-
ther is ja die Sache mit den guten Werken. Man
kann sich nämlich fragen: Warum überhaupt? Gu-
te Frage, ne? Denn wenn man sich mal so 'n bissken
umgucken tut in der Welt, dann scheint der Laden
ja in der Regel auch ganz gut ohne dem zu laufen.
Bankenkrise, Plagiatsaffäre, Pferdefleischskandal
– klappt in der Regel alles ganz prima ohne gute
Werke.

Ouh, wenne ihm mit sonne Beispiele kams, dann
konnt der Luther auch schommal ziemlich fuchtig
werden. Et käm zwar deshalb niemand gleich in
den Himmel, aber darum wärn die guten Werke
noch lange nicht für 'n Ofen. Und dat sacht so 'n
Mann zu einer Zeit, als et die Pfadfinder ein paar
Jahrhunderte lang noch gar nich gegeben hat!

Ja, meinter, wie wäret denn versuchsweise mal mit
Folgendem: „Suche, wo Arme, Kranke und allerlei
Gebrechliche sind. Denen hilf mit Leib, Gut und
Ehre. Und wer dir andere gute Werke vorhält, den
meide wie den Wolf und den Teufel." Jou, dat saß!
Denn seither können et ja manche kaum lassen mit
ihren guten Werken.

Aber ich glaub, an der Stelle sollten wir am besten
mal den Onkel Karl-Heinrich selber zu Wort kom-
men lassen.

AUCH EIN GUTES WERK

Getz is Schluss! Ich hab bis getz immer wat gegeben. Schon seit Jahren. Jeden Dienstag ein Los anne Sparkasse. Wie heißt dat: „Ein Haus für Kinder", nee warte: „Ein Haus für Behinderte" oder so. Is ja au egal. Jedenfalls hab ich immer wat gegeben. Und zwar für 'n guten Zweck. Da weiße wenigstens, dat dat inne richtige Hände kommt. Fünf Euro dat Los. Und Tante Mechthild ham wer immer vier Stück zum Geburtstag geschenkt. Einmal hat se sogar wat gewonnen. Ich mein, siebzig, achtzig Euro, so um den Dreh rum. Wie? Is au Geld. Muss au ers ma verdient sein. Hat se sich jedenfalls immer drübber gefreut.

Aber getz is Schluss. Pass auf. Stand ich doch neulich anne Rheintörchenstraße und bin aufe 903 am Warten. Jou, ich musste mal widder nachm Dr. Preußmann ins Kaiser-Wilhelm. Wegen der Knie. Ich kann ja so schlecht laufen. Schon seit Jahren. Gut. Getz war ich da sowieso schon so spät dran. Und da stehn da mit eim Mal son paar Rollstuhlfahrer. Ja, kricht ich noch so mit, wie se da sachten, sie wollten im Zoo. Ich mein, find ich gut, dat man wat für die tut. Sin doch au nur Menschen, oder?

Getz kam de Bahn endlich. Sieben Minuten Verspätung und ich in Eile, kannze dir ja denken. Ja und getz dauerte dat und dauerte dat, bis die mit ihre Geräte und Dinges da mal endlich drin warn, mein Gott nochmal.

Ich sach noch so ganz freundlich zu dem ein: „Komm, Junge, lass mich mal mit anpacken, dann gehdet 'n bissken wat schneller vorran mit euch hier." Ja wat meinze, wurd der doch regelrecht ruppig zu mir. Ich sollt man nich gleich „Du" für ihm sagen und er könndet immer noch alleine und wat weiß ich nich noch alles.

Da war ich doch echt feddich mitte Welt. Da zahl ich mich jede Woche dumm und dämlich, damit die auf unsre Kosten frech wie Oskar durche Gegend jückeln. Und dann halten se am Ende noch 'n Betrieb auf. Dat kann doch wohl nich.

Jou, da konnze mich aber mal erleben, sarrich dir. „Weiße wat, Jüngsken", habbich zu dem ein da gesacht, „sowwat wie euch müsstet heutzutage doch schon gar nich mehr geben. So weit, wie die inzwischen schon sind mitte Medizin und de Apparate und so." Hier, Dr. Preußmann z. B. Der hat mir schon damals klipp und klar vorn Kopp gesacht: „Hörn Se mal", hat der wortwörtlich zu mir gesacht, „dat mit Ihrn siebzig Prozent, dat wär heut schon gar nicht mehr nötig. Da ham Se einfach nur Pech gehabt, dat Se zwanzich Jahr zu früh de Athrose gekricht haben. Ungnade der frühen Geburt", meinter noch so zum Spass.

Echt. Die sind doch heut schon so weit, dat se schon nach 'n paar Wochen, wat sarrich, nach 'n paar Tagen feststellen können, wat Sache is. Ob Arme und Beine alle dran sind oder obde später mal bekloppt wirs und so. Ja, wat denn. Statt dem musse dich mit so 'm Kropp-zeug rumschlagen. Nä, bei aller Liebe. Ich hab wirklich viel Verständnis für manches. Aber irgendwo hört sich der Spass auf, verstehße. Ich bin gleich am selben Tach noch aufe Sparkasse und hab mich erkundigt. Getz kricht dat der Heinz Sielenkämper. Jo, der mit seine Schimpansen und Meerschweinkes. Donnerstagabend. Seh ich au immer gern.

Is doch au 'n gutes Werk. Oder?

♪ Was bin ich froh
ich bin nicht so
ich spende regelmäßig für ein armes Kind
für Neger, artbedrohte Tiere
weil die doch bald ausgerottet sind
was bin ich froh
ich bin nicht so
ich bin nicht ohne Herz, nicht taub noch blind.

Was bin ich froh
ich bin nicht so
ich stell nem Rollstuhlfahrer nicht gemein ein Bein
ich kauf ein Los zum Platz der Sonne
lass die Spasti-Witze sein
was bin ich froh
ich bin nicht so
zu jeder Stufe sag ich deutlich Nein.

Was bin ich froh
ich bin nicht so
ich bin kein Stammtischbruder, Spießer, Ignorant
ich lese Frankfurter und Spiegel
mach mir Sorge um mein Land
was bin ich froh
ich bin nicht so
ich bin flexibel, offen, tolerant.

Was bin ich froh
ich bin nicht so
ich bin kein Dealer, Junkie, Penner, Schwuler, Punk
ich bin nicht asozial, behindert
Knacki oder sonstwie krank
was bin ich froh
ich bin nicht so
ich bin normal und friedlich, Gott sei Dank!

„SIEHE, WIE FEIN UND LIEBLICH …"

Aber eins hat der Luther auch immer gesacht: Kirche, Reichstag, Meinungsfreiheit usw. wär alles kein Problem, solang et untereinander brüderlich und in Liebe zugehen tät. „Siehe, wie fein und lieblich ist's, wenn Brüder einträchtig beieinander wohnen", hatter immer aus der Lutherbibel zitiert. „Bibel in gerechter Sprache" gabet ja noch nich.

Tja, und dieser Grundsatz – also die brüderliche Liebe – der hat sich ja nun, wie man weiß, auf der ganzen Linie in der evangelischen Kirche durchgesetzt. Gerade in Zeiten, wo die Dinge ein wenig knapp werden und vielleicht auch schon mal die eine oder andere Personalentscheidung anstehen tut.

Ja, nich so wie in der freien Marktwirtschaft: einfach Kündigung auf 'n Tisch, Papiere im Personalbüro abholen, Tritt in Hintern. Tschuldigung, aber so isset doch.

Dat alles ist doch in einer Kirche, die sich an den Grundsatz der brüderlichen Liebe hält, völlig undenkbar. Gut, bittere Wahrheiten müssen auch hier manchmal tapfer ertragen werden. Aber et kommt immer noch auf dat Wie an.

So wie neulich bei unserem langjährigen stellvertretenden Gemeindeamtsleiter, Herrn Neumeier …

RAUSSCHMISS CHRISTLICH

Ah, lieber Herr Neumeier, schön dass Sie da sind. Ich habe schon gewartet. Ja, treten Sie näher. Prima, dass Sie sich so spontan haben freimachen können. Zumal ich weiß, dass das momentan für Sie nicht so ganz einfach ist. Ja, nehmen Sie Platz. Kaffee? Kein Thema. Frau Windgassen, wären Sie wohl so lieb …? Okay, kommt gleich.

Nun, mein lieber Neumeier, ich will ganz offen mit Ihnen sein. Wir alle wissen, was wir an Ihnen haben. Ich sagte noch neulich zu Herrn Heitkämper, unserem Finanzkirchmeister, mein lieber Heitkämper, ist Ihnen eigentlich klar, dass wir den Jahresabschluss ohne die Kompetenz und den Einsatz von Herrn Neumeier nie und nimmer so hingekriegt hätten? Heitkämper sah das übrigens ganz ähnlich wie ich. Das nur zu Ihrer Beruhigung.

Wissen Sie, ich komme ja ein bisschen rum im Kirchenkreis. Gut, die Gelder sind überall knapp, das wissen Sie besser als ich. Aber wie da z. T. mit den Mitteln umgesprungen wird – es ist haarsträubend. Haarsträubend, kann ich nur sagen. Da macht man sich schon so seine Sorgen, glauben Sie mir, glauben Sie mir wirklich.

Aber nun noch einmal zu Ihnen. Ah, der Kaffee. Danke, Frau Windgassen, das ist sehr lieb. Zucker, Milch? Es ist ja nicht so, dass wir schon daran sparen müssten, um es einmal ein wenig scherzhaft auszudrücken. Vielleicht ist das sowieso ganz neu nötig in diesen merkwürdigen Zeiten, dass wir die Dinge nicht immer so bierernst betrachten. Humor in Zeiten der Jammerkultur, sag ich immer. Oder, wie ich kürzlich irgendwo las: das Gelächter als letzte Waffe himmlischer Hoffnung oder so. Ich fand das übrigens sehr originell formuliert. Könnte man glatt mal drüber predigen.

Also, mein lieber Herr Neumeier, lassen Sie uns zur Sache kommen. Ich kenne hier im Umfeld niemanden, wirklich weit und breit niemanden, der Ihre Fachlichkeit, Ihren Fleiß und – auch das sage ich jetzt nicht nur so daher – Ihre feine und faire Art nicht überaus zu schätzen wüsste. Darum geht es jetzt nicht. Aber Sie und ich, wir beide wissen doch besser als andere, wie es zurzeit um die Stellensituation in unserer Gemeinde bestellt ist. Ich denke, in diesem Punkt sind wir zunächst einmal ganz beieinander.

Aber – und auch das gehört, wie ich finde, zu einem vertrauensvollen Miteinander – ich möchte Sie doch einfach einmal bitten, darüber nachzudenken, ob es nicht am Ende auch in Ihrem ureigensten Interesse ist, wenn unsere Wege zumindest auf dieser Ebene nicht mehr hundertprozentig deckungsgleich sein können. Ich sage einmal bewusst: hundertprozentig.

Schauen Sie, alles andere ist davon ja völlig unberührt. Gerne sehen wir Sie wie bisher, natürlich ehrenamtlich, im synodalen Fachausschuss „Arbeit und Soziales". Und Sie wissen auch, dass Frau Berewinkel auf Ihren sicheren Tenor im Kirchenchor nur ganz ungern verzichten würde. Ich persönlich hätte Sie weiterhin sehr gerne im Besuchsdienst, in der Adventssammlung für die Diakonie und im Vorbereitungskreis des Gemeindefestes. Ich wüsste z. B. nicht, wer sich in Zukunft um die komplizierte Zapfanlage kümmern sollte. Ich wüsste es wirklich nicht. Und dass Sie im Gottesdienst immer herzlich willkommen sind, versteht sich ohnehin von selbst.

Sicher ist das im Moment nicht ganz einfach für Sie. Auch für Ihre Familie nicht. Das kann ich gut nachvollziehen. Das müssen Sie mir jetzt einfach einmal so abnehmen. Aber ich finde, das ist doch immer noch das Gute bei Kirchens, dass es da in allem Schweren doch auch noch immer so etwas wie Vertrauen gibt, Offenheit, Ehrlichkeit. Belastungen gibt es. Geschenkt. Da rede ich gar nicht erst lange drum herum. Die gibt es im Übrigen überall. Aber es gibt immer wieder doch eben auch ein gemeinsames Durchtragen und auch Durchgetragenwerden, wie ich finde.

Und noch eins, lieber, lieber Herr Neumeier. Bitte seien Sie so lieb und tun mir einen kleinen Gefallen. Einen ganz kleinen nur. Nehmen Sie das alles bitte nicht persönlich. Es geht hier im Grunde gar nicht um Ihre Person. Es geht hier einzig und allein um ein paar strukturelle Anpassungen, die mit Ihnen persönlich nicht im Mindesten etwas zu tun haben. Das müssen Sie mir jetzt einfach einmal so glauben, wie ich das sage. Sonst machen Sie mich, ehrlich gesagt, ganz traurig.

Wie? Ja, selbstverständlich werden wir Ihren Abschied angemessen und würdevoll begehen. Ich habe Frau Windgassen bereits gebeten, ein paar Plätzchen zu besorgen. Aus langjähriger Erfahrung weiß ich, dass sie das in solchen Fällen immer sehr hübsch und liebevoll zu gestalten weiß. Vielleicht können wir das Ganze auch mit einer kleinen Andacht beginnen. Ich kenne doch Ihre innere Einstellung.

Lieber Bruder Neumeier, so möchte ich an dieser Stelle einmal ausdrücklich sagen dürfen, Sie ahnen nicht, wie unendlich schwer mir das alles fällt. Wie sehr ich Sie gerade persönlich immer wieder schätzen gelernt habe. Wie groß und unersetzlich die Lücke ist, die Sie in unserem Hause hinterlassen werden. Wie schmerzlich der Verlust gerade Ihrer Gegenwart uns alle hier nachhaltig treffen wird.

Aber in allem Dunklen, für das ich durchaus Verständnis habe, überlegen Sie vielleicht nur einmal einen kleinen Augenblick, wie man mit Ihnen jetzt in einer vergleichbaren Situation in der freien Wirtschaft umgehen würde. Sehen Sie, das ist eben Kirche. Der Ort, wo es nun einmal anders zugehen darf und soll als anderswo.

Frau Windgassen, bitte die Papiere für Herrn Neumeier …

♪ Wie schön dass es bei Kirchens völlig anders ist
dass man in allem Schweren
doch den Menschen nicht vergisst
dass Liebe gilt Gerechtigkeit und Solidarität
und niemand ohn' ein Wort des Zuspruchs leer
nach Hause geht.

Die Welt ist schlecht
ich habe es ja immer schon gewusst
sie produziert nur Neid und Missgunst
Zwietracht Zank und Frust
der Mensch nicht mehr als eine kleine Nummer
im Getriebe
wohin man blickt:
Ausgrenzung Kälte marktbedingte Hiebe.

Wie schön dass es bei Kirchens völlig anders ist
dass man in allem Schweren
doch den Menschen nicht vergisst
dass Liebe gilt Gerechtigkeit und Solidarität
und niemand ohn' ein Wort des Zuspruchs leer nach
Hause geht.

Wie schön dass es bei Kirchens völlig anders ist
wie schön dass es bei Kirchens völlig anders ist ...
wie schön dass es bei Kirchens völlig anders ist ...
wie schön dass es bei Kirchens völlig anders ist ...

Sagen Sie, kann nicht mal jemand diese bescheuerte Platte abstellen?

NÄCHSTENLIEBE

„Gott hat den Menschen zur Gesellschaft, nicht zur Einsamkeit geschaffen." Mit solchen und ähnlichen Sätzen hat sich der Luther immer wieder als profunder Kenner der Bibel hervorgetan, wonach et ja bekanntlich nicht gut is, dat der Mensch allein seí. Insofern kann man ihn schon wat verstehen, wenner, wat dat Thema anbelangt, manchmal 'n bissken deutlich wurde: „Vermaledeit sei das Leben", so hatter irgendwann mal zu Protokoll gegeben, „das sich einer allein lebt und nicht seinem Nächsten." Denn et ging ja schließlich nich an, dat man nur immer an sich denken tät. Wahrscheinlich gäbet dann nur noch Mord und Totschlach aufe Welt. Und wer will dat schon?

Soweit also zunächst mal dat „vermaledeite Leben". Aber et gäb ja auch noch dat „gebenedeite", also dat gesegnete Leben, wonach einer „seinem Nächsten lebet und dienet mit Lehre, mit Strafe und mit Hülfe".

Nächstenliebe mit „Hülfe" – okay, lassen wir aufe Schnelle mal so durchgehn. Nächstenliebe mit „Lehre"? Also, wenn ich an meinen Matheunterricht seinerzeit zurückdenk, dann war dat, wat mir da an Lehre widerfahren ist, nich gerade immer die reinste Nächstenliebe. Aber egal. Doch getz auch *noch: Nächstenliebe mit „Strafe"? Also als beson-dere Art eines gesegneten Miteinanders? Muss man dat verstehen?*

Oder sollte der große Reformator auch hier einmal mehr seiner Zeit weit voraus gewesen sein?

DIE NEUEN GEMEINSAMKEITEN

Also, Kinder, es stimmt doch einfach nicht. Dieses dauernde Gerede von der Ego-Gesellschaft. Einzelkämpfertum, Ellenbogenmentalität, Entsolidarisierung. Ich kann es allmählich nicht mehr hören. Es ist doch einfach nicht wahr. Es ist doch zumindest so nicht wahr. Es gibt immer noch genügend Beispiele guten und friedlichen Miteinanders. Wenn ihr nur mal ein bisschen die Augen aufmachtet.

Hier, Herr und Frau Neukötter z. B. Haben jetzt einen Vertrag auf Gegenseitigkeit zur Sicherstellung des Nicht-miteinander-reden-Müssens geschlossen. Ein hartes Stück gemeinsamen Arbeitens und Ringens steckt dahinter. Glaubt mir.

Oder drüben bei uns im Kindergarten. Da hat sich seit kurzem eine Eltern-Kind-Initiative gegründet, „Gemeinsam im Kampf gegen den Müsli-Terror des Landschaftsverbandes". Es geht also doch.

Man muss sich nur mal etwas umsehen. Jetzt las ich kürzlich, dass im sächsischen Oberlichtenau diese Woche die neue bundesweite „Offensive des deutschen Friseurhandwerks zur Förderung frauengerechter Blondinenwitze" tagte. Na bitte.

Diakonisches Werk und Caritas machen sich ja schon seit Langem stark für eine Geschwisterschaft aller Rührseligen und Zerfahrenen, die nicht wissen, wohin mit sich und der Welt. Es tut sich also was in der Republik.

Wo man auch hinsieht, überall Menschen, die mehr und mehr aufeinander zugehen. Die meisten sind es ja mittlerweile auch einfach satt: Konfrontation, Abgrenzung, unterschwellige Eigensüchteleien. Miteinander statt gegeneinander ist angesagt. Die Suche nach neuen Gemeinsamkeiten in einer immer zerrisseneren Welt.

Die Mittelstandsvereinigung Niederrhein sammelt deshalb alle Kleinaktionäre an einem runden Tisch, die sich durch die gesellschaftskritischen Lieder von Udo Jürgens in ihrem Besitzstandsdenken verunsichert fühlen. Sehr sozial, wie ich finde.

Und die ehemals Freien Demokraten streben – guter neoliberaler Tradition folgend – kurz vor den anstehenden Wahlen einen Nichtangriffspakt mit den Schlechterverdienenden an. Vernünftig.

Von der bayrischen Staatsregierung hört man, dass sie demnächst energisch gegen die schleichende Überfremdung der behördlichen Kantinen durch italienische Teigwaren und ostfriesische Teesorten vorgehen will. Mutig in einer Zeit zunehmender kultureller Zerfaserung.

Auch war jetzt in einem engagierten kirchlichen Monatsblatt einer Gemeinde unweit von Pfullendorf etwas über den schrittweisen Abbau der sozialen Kälte bei der zügigen Abfertigung von Asylsuchenden auf dem Frankfurter Flughafen zu lesen. Immerhin.

Norddeutsche Werften kooperieren neuerdings mit syrischen Waffendealern. Da sage noch einer was von nationaler Eigenbrötelei. Und der amerikanische Vizepräsident spricht immer wieder von einer „Ökumene der verschiedenen Wirtschaftsinteressen". Es gehe um eine „weltumspannende Koexistenz des Kapitals mit menschlichem Antlitz". Es ist doch ein gewaltiges Umdenken im Gange. Und das ist gut so.

Sicher. Sicher, sicher. Es gibt immer noch hier und da Ichsucht und partikulare Wünsche. Leider, zugegeben. Aber dieses ständige Gejammere über Eigensinn und Ego-Kultur trifft es doch einfach nicht. Wenn man nur mal ein bisschen genauer hinsieht: Es tut sich doch eine ganze Menge.

So, und nun ist es gut für heute. Gleich kommt die neue Gender-Doku mit „Egoschweine – warum Frauen auf sie stehen". Das muss ich mir unbedingt reinziehen.

DAS WORT IM SCHWANGE

Ja, man machdet sich ja meist gar nich so klar, aber dat der Luther sich da seinerzeit auf 'm Reichstag zu Worms in aller Öffentlichkeit so einfach hingestellt hat, dat hatte schon wat.

Gut, heutzutage is dat vielleicht nich mehr ganz so sensationell, wenn jemand dat große Publikum sucht. Hier, nimm nur mal die Charlene Hemstege. Ja, genau, vonne Frau Hemstege die Nichte aus Drevenack. Die war da letztens auch ganz groß aufer Zuschauerbank bei „Deutschland sucht den Supersong" im Bild zu sehen. Am nächsten Tag wollte se fast schon ne eigene Autogrammstunde aufe Arbeit abhalten. So öffentlich kam se sich schon vor.

Der Luther hat mit so wat ja auch keine Probleme gehabt. Kanzel, Katheder, Thesenanschlag, Reichstag, Bibelverbreitung, Streitgespräche, Tischreden, Flugblätter und Schmähschriften – alles an PR war ihm recht, wenn et nur darum ging, dat dat Wort „im Schwange" wär, wie er sich immer ausdrückte. „Nicht schweige noch mummele", hatter immer der Kirche ins Gewissen geredet. Sie sollt lieber „unerschrocken bekennen und dürr heraussagen, niemand ansehen noch schonen, es treffe, wen oder was es wolle." Kapaafdich. Dat saß.

*Klar, dat damit für die Evangelische Kirche prak-
tisch die Basis gelegt war, dat se sich in Zukunft
keine falschen Hemmungen antut, wennet darum
geht, auch mal in der breiteren Öffentlichkeit ein
bissken mehr wahrgenommen zu werden.*

ÖFFENTLICHKEITSARBEIT

Tja, und weil das so ist, deshalb gibt es seit alters den berühmten *Gemeindebrief.* Hier, schmeiß doch mal eben rüber. Ah ja, da haben wir's doch schon: „Unsere Markuskirche. Mitteilungen der Evangelischen Kirchengemeinde Hülsdorf-Wichlingrade".

Schon das Titelblatt. Wenn man lange genug hinguckt, kann man vielleicht so was Ähnliches wie einen Turmhahn drauf erkennen. Ich meine, es könnte zwar genauso gut ein Flattermann aus der Pommesbude sein, aber der Herbert Lohscheider, der ja schon damals in der Volksschule immer eine Zwei in Zeichnen hatte und der später, glaube ich jedenfalls, auch mal so einen Kurs in der Volkshochschule mitgemacht hat, also der Herbert hat sich damit schon große Mühe gegeben. Das kann man ihm jetzt grundsätzlich nicht absprechen.

So, und dann geht es ab Seite 2 bis 4 so richtig los mit der Öffentlichkeitsarbeit. Da kann man jetzt in aller Ruhe die Predigt von Pastor Möllenbeck vom letzten Himmelfahrtsgottesdienst nachlesen. Ja, meinte er noch so bei der Redaktionskonferenz, der Gottesdienst wäre zwar gut besucht gewesen, aber es könnte ja sein, dass der eine oder andere doch nicht dagewesen wäre und insofern was verpasst hätte.

Zwanzig Minuten später sind wir dann in der Rubrik „Aus unserem Gemeindeleben" angelangt. Diesmal

geht es um einen längeren Bericht über den Jahresausflug der Frauenhilfe im vergangenen Mai ins
„Bergische Freilichtmuseum Lindlar für Ökologie und
bäuerlich-handwerkliche Kultur bei Schloss Heiligen-
hoven". Sehr schön z. B. das eine Foto, auf dem Frau
Hemmersbach, die Vorsitzende, zusammen mit Pastor
Möllenbeck ein Sahneeis verzehrt. Gerade noch von
hinten zu erkennen ist auch Vikarin Noltensmeier, wie
sie einem historischen Korbflechter bei der Arbeit zu-
sieht. Gut auch, dass die Öffentlichkeit endlich erfährt,
dass es anschließend Kaffee und Kuchen gab, der Ausflug um 18.30 Uhr desselbigen Tages auf dem Vorplatz
des Gemeindehauses endete und dass es allen gefallen
hat. So weit der Bericht vom Jahresausflug der Frauenhilfe.

Wo es nun im Gemeindebrief der Evangelischen Kirchengemeinde Hülsdorf-Wichlingrade so richtig öffentlich wird, das sind ja die berühmten Altengeburts-
tage. Tja, der Heinz Kuchenbecker wird nun auch schon
80, man soll es nicht für möglich halten. Und Hannelore Klappek, geborene Klein-Holsterloh – was, erst
72? Hätte ich, ehrlich gesagt, älter eingeschätzt. Aber
brauchst du ihr ja nicht gleich zu sagen. Und hier, die
Hedwig Bauerkämper: 93! Wer hätte das gedacht? Hab
ich doch noch kürzlich beim Einkaufen getroffen. Mit
der Schwiegertochter hinterm Einkaufswagen. Wie ein
junges Reh! Tja, das alles hätten wir ja nicht, wenn es
nicht diese interessanten Geburtstagslisten in unserm
Gemeindebrief gäbe.

Von geradezu schonungsloser Öffentlichkeit sind ja auch die Hinweise auf die „Gruppen und Kreise" auf der vorletzten Seite. Montag, 19.30 bis 21 Uhr Posaunenchor auf der Empore in der Markuskirche. An jedem dritten Dienstag im Monat Frauenabendkreis, jeweils 20 Uhr, im kleinen Saal des Gemeindehauses. Mittwoch, 15 Uhr, Seniorennachmittag (bitte Tasse mitbringen). Donnerstag, ab 18 Uhr, Teestube für Jugendliche ab 16 Jahre. Beim nächsten Mal mit „World of Warcraft 3" und Cola light. Und Freitag, 15 Uhr, Konfirmandenunterricht, im – wer hätte das gedacht? – Konfirmandensaal. Dienstag, 17.30 Uhr, wie immer Besuchsdiensttreffen im Pfarrhaus.

Da wir alle so vergesslich sind und leider ständig den Gemeindebrief verlegen, kommen die Gruppen und Kreise auch noch einmal in den sonntäglichen *Abkündigungen* im Gottesdienst zu Gehör. Das ist nun allerdings Öffentlichkeitsarbeit vom Feinsten. Frau Benninghoven, die Presbyterin, macht das ja auch eigentlich immer sehr nett, muss man sagen. „Der Häkelkreis trifft sich wie gewohnt am Mittwoch um 15.30 Uhr im Gemeindehaus neben der Kirche." Hier zeigt sich nun, wie wichtig sorgfältige Öffentlichkeitsarbeit in der Stunde der Not ist. Denn zufälligerweise sitzt Gott sei Dank tatsächlich jemand vom Häkelkreis im Gottesdienst und kann gleich per Zwischenruf korrigieren: „Diesmal trifft sich der Häkelkreis ausnahmsweise schon um 14.30 Uhr, weil es noch so viel für den Basar zu tun gibt. Jeder ist herzlich eingeladen." Okay,

Frau Benninghoven bedankt sich für diesen Hinweis und bittet die Gemeinde, die veränderte Anfangszeit des Häkelkreises in geeigneter Weise weiterzugeben. Es sei schließlich wichtig und entspreche ja auch dem grundsätzlichen Öffentlichkeitsauftrag der Kirche, dass die gemeindlichen Aktivitäten alle Interessierten erreichen. „Habe ich noch etwas vergessen? Ach ja, hier: Der Katechumenenunterricht fällt kommende Woche wegen der Herbstferien aus. Bitte geben Sie das so an die Katechumenen und Katechumeninnen, so Sie welche sehen sollten, weiter." Soweit die Abkündigungen.

Aber zurück zum Gemeindebrief. Richtig brutal öffentlich wird es auf der letzten Seite mit dem Gottesdienstplan. Pastor Möllenbeck legt ja immer großen Wert darauf, dass der jeweilige Prediger bekannt gemacht wird. „Das hat nichts mit Personenkult zu tun", pflegt er zu argumentieren, „sondern ist ein Ausdruck dafür, dass wir den Öffentlichkeitsauftrag des Evangeliums ernst nehmen." So sind wir denn überaus dankbar für die namentliche Auflistung der Prediger:

02. 09.   Möllenbeck
09. 09.   Möllenbeck
16. 09.   Möllenbeck
23. 09.   Möllenbeck
30. 09.   Vertretung N. N. (Möllenbeck in Urlaub)

Aber wo die Kirche, was Öffentlichkeitsarbeit anbelangt, ja nun schon seit Generationen unschlagbar gut drauf ist, das ist der berühmte *Schaukasten*. Wie, ist Ihnen noch nicht aufgefallen? Das kann doch jetzt nicht. Also, der gemeindliche Schaukasten – das ist im Grunde eine ganz eigene Kultur, die sich da herausgebildet hat. Ja, es gibt mittlerweile regelrechte Schaukastentypen, die durchaus stilprägend geworden sind. Und damit Sie jetzt nicht gleich wieder den Überblick verlieren, habe ich mal kurz die wichtigsten zusammengestellt und aufgelistet.

Da ist zunächst einmal der Schaukastentyp „Ja nicht auffallen". Wir finden ihn meist nach längerem Suchen hinter irgendeinem Holunderbusch versteckt. Die Idee der Präsentation ist vermutlich vom SPD-Ortsverein geklaut. Außen schön in Holz. Der letzte Anstrich wahrscheinlich noch aus den 1950er Jahren. Dass er seit Längerem ein wenig blättert – eigentlich auch wieder sympathisch. Jedermann weiß doch, wie knapp die Kirche bei Kasse ist. Die Glasscheibe ist immerhin in der Mitte noch etwas durchsichtig. Wenn man ganz nah rangeht, kann man drinnen auch noch einigermaßen den vergilbten Zettel lesen. Es ist, wenn ich es richtig entziffert habe, das Stichwortprotokoll der letzten Sitzung des Friedhofsausschusses. Daneben die Sprechstundenzeiten von Pfarrerin Angelika Meier-Isenbügel. Zu dumm, dass sie sie mit Tinte eingetragen hat. Da hat die Sonne doch inzwischen brutal zugeschlagen. Dafür weist aber das Schlüsselloch nach all den Jahren einen interessanten Rost auf. Vielleicht mal ein Motiv für einen Familiengottesdienst. „Manchmal fühle ich mich wie ein verrostetes Schlüsselloch" … oder so.

Dann der Schaukastentyp „Nachdenkliches im Vorübergehen". Zum Glück hat man hier auf alle gemeindlichen Informationen, die sowieso niemanden interessieren, von vornherein verzichtet. Viel wichtiger ist ja auch, dass die Öffentlichkeit etwas von dem, was die Kirche nun einmal zu sagen hat, mitbekommt. Tja, was ist das jetzt im Einzelnen? Also z. B. ein Plakat mit einer riesengroßen Pusteblume und einer niedlichen Hummel drauf. Daneben die taufrische Botschaft „Im Urlaub die Seele baumeln lassen". Oder im Herbst das berühmte Rilke-Gedicht „Die Blätter fallen, fallen wie von weit …" Kennt man aus der Schule. Jetzt aber mal sehr schön vor dem Hintergrund eines leuchtenden Spätsommerwaldes. Originelle Idee. Dann natürlich Martin Luther Kings eindruckvolles „I have a dream" mit ganz viel Himmel und Wolken. Und zur Weihnachtszeit hin immer wieder gern gesehen: ein Engelmotiv von Marc Chagall oder ein paar erwartungsvolle Augen von Walter Habdank. Dass vor einem solchen Schaukasten täglich ganze Trauben von Menschen anzutreffen sind – wenn wundert's? Menschen, die innehalten, den Blick senken und tief und ernst den Sinn des Lebens begrübeln. Nachdenken im Vorübergehen eben.

Dann vor allem der Schaukastentyp „Wir sind wahnsinnig gut drauf". Schon das Äußere eine eigene Botschaft: Breiter Alu-Rahmen, Sicherheitsverglasung, indirekte Schriftbeleuchtung. Oben drüber: „Wir sind eine offene Gemeinde mit vielen sympathischen Angeboten für jedermann und jedefrau!" Sonntags natürlich unsere beliebten Gottesdienste gegen die Langeweile mit professioneller Moderation, liturgischer Power-point-Präsentation und Predigt garantiert nicht über 4 ½ Minuten. Dann unsere tollen Kinder- und Jugend-angebote: Kinderdisco, Abhängen für 14-Jährige mit DVD-Nacht im Chill-Room und natürlich unsere coo-le Teestube mit Internetzugang und den neuesten Bi-bel-Computerspielen. Die Frauenkreise verstehen sich als Orte – da wäre man nun so schnell nicht drauf ge-kommen – der Begegnung bei Kaffee, Kuchen und wie immer dem Neuesten aus der Gemeinde. Bei uns füh-len sich allerdings auch die Männer wie zu Hause: Re-gelmäßige Skatrunde Donnerstagabend. Ach ja, wenn Sie sonst noch etwas auf dem Herzen haben, z. B. sich taufen oder trauen lassen wollen oder einfach nur zu sterben wünschen, hier die E-Mail-Adresse von Pfarrer Dr. Schliepköther.

Sie sehen, schon dieser erste kleine Überblick führt uns tief ein in das Wesen der zu Unrecht vielgeschol-tenen kirchlichen Öffentlichkeitsarbeit. Gemeinde-brief zufälligerweise nicht in die Finger bekommen? Abkündigungen verpennt? Unglücklicherweise den Schaukasten übersehen? Oder versehentlich auf die ge-meindliche Homepage geraten, deren aktueller Stand vom Jahre 2004 herrührt?

Tja, dumm gelaufen. Wen das Wort nicht trifft, der ist es am Ende eben selber schuld.

„AUFS EINFÄLTIGSTE PREDIGEN"

Wie bereits angedeutet, hielt der Luther ja ganz viel vonne Predigt. Vor allem von seiner eigenen. „Viele sind gelehrter als ich bin", musster wohl ehrlicherweise zugeben, „aber dass sie in Gottes Wort gelehrter sein sollten, das ich lehre und predige, das ist unmöglich." Aber weil nun auch andere außer dem großen Wittenberger Prediger gelegentlich die Kanzel besteigen müssen, hat der Herr Professor dankenswerterweise ein paar Faustregeln hinterlassen, die man um Gottes Willen unbedingt beherzigen sollte: „Steig nauf, tu's Maul auf, hör bald auf!"

Und noch eins, so hatter immer wieder seinen Studis eingetrichtert: Tut mir bitte ein Liebes und predigt unbedingt einfach und anschaulich. Also, sie sollten sozusagen sprichwörtlich „dem Volk aufs Maul schauen". Dat wäret. Denn „wenn man vom Artikel der Rechtfertigung predigt", so seine Erfahrung, „so schläft das Volk und hustet. Aber wenn man anfängt, Historien und Exempel zu sagen, da reckt's die Ohren." Kurz und gut, et wär dat Beste, wenn die Predigt möglichst schlicht ausfallen tät, damit sie auch der „gemeine Haufen", wie er sich ausdrückte, verstehen könnt: „Alle deine Predigten sollen aufs Einfältigste sein."

Aufs Einfältigste. Könndet sein, dat sich inzwischen der eine oder andere Prediger genau dat zu sehr zu Herzen nimmt?

DAS SCHWEIGEN ZUM SONNTAG

Meine sehr verehrten Damen und Herren, liebe Zuschauerinnen und Zuschauer. Kennen Sie das eigentlich auch? Ich meine: die Frage nach dem Sinn des Lebens. Nicht wahr, das ist nun wohl eine ganz besondere Frage. Genau genommen stellen wir diese Frage nämlich gar nicht. Sie stellt sich uns vielmehr in den Weg. Überfällt uns geradezu.

Da ist jemand in eine persönliche Krise geraten. In seiner Partnerschaft will es nicht mehr so recht. Oder im Beruf: Da bangt jemand um seinen Arbeitsplatz. Oder die Krisenherde dieser Welt. Syrien, Sahelzone, Gazastreifen. Griechenland, Portugal, Zypern. Und dann geschieht es mit einem Mal, dass sich uns jene Frage, also die Frage nach dem Sinn des Lebens, wie aus heiterem Himmel in den Weg stellt. Heimsucht. Geradewegs überfällt. Es ist die Frage nach dem Warum. Nach dem Wozu. Vielleicht auch die Frage nach Gott.

Ob es eine Antwort gibt? Gewiss gibt es religiöse Dogmen. Gewiss gibt es philosophische Systeme. Gewiss gibt es mancherlei gut gemeinte menschliche Ratschläge. Ich denke allerdings, dass die Antwort auf die Frage nach dem Sinn des Lebens ganz woanders zu finden ist. Ich möchte Ihnen das an einem kleinen Beispiel verdeutlichen, über das Sie vielleicht ein wenig schmunzeln mögen.

Es war letzten Sommer auf der wunderschönen Nord-
seeinsel Norderney, die Sie sicher von einem Ihrer Ur-
laube her kennen. Überall Menschen, Sand, Strand-
körbe. Ein kleiner Junge hatte sich eine prächtige Burg
gebaut. Und nun geschah es, dass ein etwas älteres
Mädchen auf ihn zu rannte und – so wie Kinder nun
mal manchmal sein können – mutwillig sein kleines
Kunstwerk zertrampelte. Sie können sich vorstellen,
wie untröstlich unser kleiner Bursche war. Sogleich
rannte er zu seiner Mutter und ließ sich von ihr in den
Arm nehmen.

Warum erzähle ich Ihnen diese kleine Geschichte? Ich
denke, das alles ist mehr als alle Philosophie und alle
Dogmen. Eine Hand, die sich uns entgegenstreckt. Ein
Arm, der sich um unsere Schulter legt. Ein Ohr, das zuhört, wo wir in Not sind. Ein Wort, das aufrichtet. Eine kleine Geste, die die Angst vertreibt. Und vielleicht
kommt alles genau darauf an: Ob wir offen sind. Ob
wir ehrlich sind. Ob wir Vertrauen haben. Eben wie ein
Kind.

Und wenn Sie demnächst wieder die Frage nach dem
Sinn überfällt, wenn Sie wieder diese schrecklichen Bilder von den ausgemergelten Körpern in der Sahelzone oder den zerfetzten Leichen am Hindukusch sehen,
wenn Sie wieder einmal nach dem Warum und Wozu, vielleicht sogar nach Gott fragen, dann denken Sie
doch einfach einmal einen Moment an jenen kleinen

Burschen auf Norderney. Ich bin sicher, es wird Ihnen gut tun.

Und nun wünsche ich Ihnen einen gesegneten Sonntag und eine sinnvolle Woche. Und passen Sie gut auf sich auf.

„GEHORSAM, WILLIG UND DIENSTBAR"

*Also ich weiß nich, ob Se dat wissen, aber der Lu-
ther hat ja auch auf dem Gebiet der Erziehung
einiges geleistet, dat man nur als bahnbrechend
bezeichnen kann. Auf manchen Bildern is ja sehr
schön zu sehn, wie der große Reformator sich nich
zu schade war, im Kreise der Seinen zur Laute zu
greifen, um das „liebe Evangelium", wie er et immer
genannt hat, auch mal für die Kleinen rüberzu-
bringen.*

*Und wie nich anders zu erwarten war, hat der Pro-
fessor Luther diese zuallererst am Kindeswohl ori-
entierte Art der Pädagogik natürlich auch gleich
mit der Heiligen Schrift theologisch unterfüttert.*

*Hier, nehmen wir z. B. nur mal das berühmte El-
terngebot. „Du sollst Vater und Mutter ehren."
Kennen Se sicher. Ja, aber wat heißt dat getz genau? Dat is eben die Frage.*

*Jou, meinte der Luther, dat wär doch eigentlich
ganz einfach. Et käm eben nich nur drauf an,
dat wir die Eltern lieben – dat könnt ja jeder – ,
sondern dat wir sie eben auch ehren. Dat heißt,
dat wir immer dat tun, wat se sagen. Richtich so.
„Denn Ehren ist ein viel höheres Ding als Lieben",
so schreibt der Doktor da in seinem Katechismus,*

„da es nicht allein die Liebe in sich begreift, son-
dern auch eine Zucht, Demut und Scheu, wie gegen
eine Majestät."

Und weil er getz mal gerade so richtig in Fahrt war,
hat er dat Elterngebot auch gleich auf die Schul-
meister und Landesherren ausgeweitet. Et ging ge-
nerell um alle Obrigkeit. „Wer nun hier gehorsam,
willig und dienstbar ist und gern alles tut, was die
Ehre belanget, der weiß, dass er Gott den Gefallen
tut." Dat is theologisch fundierte Erziehung vom
Feinsten.

Und modern dazu. Man weiß doch seit Langem,
dat z. B. diese merkwürdigen Methoden der soge-
nannten Reformpädagogik die Kleinen nur verun-
sichern und nicht wirklich auf dat Leben vorbe-
reiten.

DER KLEINE KLAUSI

Es war einmal ein kleiner Junge. Der hieß Klaus. Und weil der kleine Junge etwas kleiner und manchmal auch etwas langsamer als die anderen Kinder war, sagte seine Mutter immer „Klausi" zu ihm. Und weil die Mutter meinte, eine gute Mutter zu sein, trachtete sie alle Zeit danach, Klausi vor dem zu bewahren, für das er, wie sie meinte, eben noch zu klein war.

„Mit dem Löffel, das kannst du nicht, lieber Klausi", sagte sie z. B. beim Mittagstisch, „da bist du noch zu klein für." Deshalb fütterte sie ihn alle Tage, so wie es eben gute Mütter mit ihren kleinen Kindern tun. Wenn Klausi alleine in den Kindergarten gehen wollte, der auf der anderen Straßenseite lag, sagte die gute Mutter stets: „Das geht nicht, lieber Klausi, da bist du noch zu klein für. Sieh mal, es könnte doch ein großes böses Auto kommen und dich totfahren. Das willst du doch sicher auch nicht." So nahm die gute Mutter den kleinen Klausi Tag für Tag an die gute Mutterhand und geleitete ihn sicher durch alles Arge hindurch.

Einmal, es war gerade die Zeit des Advents, wo alle kleinen Kinder in den Stuben sitzen und sich auf das liebe Christkind freuen, wollte Klausi einen Strohstern basteln. Strohhalme, Zwirn, Schere und Bügeleisen hatte er sich bereits zurechtgelegt. „Um Gottes willen, mein lieber kleiner böser Klausi", entfuhr es der guten Mutter sogleich, „weißt du denn gar nicht, was mit so einer bösen Schere alles passieren kann? Und wenn ich gar das Bügeleisen sehe, dann wird mit ganz schlecht. Nein, dafür bist du noch viel zu klein. Schau, wenn der Papa heute Abend nach Hause kommt, wird er dir sicherlich einen wunderschönen Strohstern basteln."

So gingen die Jahre ins Land. Als wieder einmal der große Sommer vorbei war, kam die Zeit, da Klausi in die Schule sollte. Und da die gute Mutter als gute Bürgerin über die allgemeine Schulpflicht unterrichtet war, brachte sie Klausi zur Anmeldung.

„Was wollen Sie mit dem hier?", sagte der Schulleiter. „Der ist doch noch viel zu klein und zu langsam. Wie ich das sehe, kann der noch nicht einmal mit Stift und Schere umgehen. Auch der Schulweg ist nicht ungefährlich – haben Sie das bedacht? Ich denke, es ist vor allem im Interesse Ihres Jungen, wenn wir ihn zunächst einmal zurückstellen." Die gute Mutter war 's zufrieden. Und so trug sie den kleinen Klausi wieder nach Hause.

Dann kam das große Weihnachtsfest. Natürlich hatte das Christkind auch an den kleinen Klausi gedacht. Nein, was staunte da das Kind über die vielen hübschen und vor allem praktischen Geschenke. Ein Sortiment von Strohsternen aus Plastik, die aber täuschend echt aussahen. Eine Schnabeltasse, damit der böse, böse Löffel das arme Kind nicht mehr länger quälen konnte. Und – und das war nun das Allergrößte – einen wunder-, wunderschönen Rollstuhl. Wie jubelte da der klei-

ne Klausi über all die guten Gaben, die man ihm zuge-
dacht hatte.

Später, als er schon etwas älter, wiewohl immer noch
nicht wirklich größer geworden war, sah er einmal im
Fernsehen, dass es außer ihm noch viele, viele andere
kleine Klausis, Lieschens und Robertleins auf der Welt
gab. Er sah, wie sie – umgeben von vielen guten Müt-
tern – glücklich und zufrieden lebten in ihren Rollstüh-
len und Sonderkindergärten, in ihren Anstalten und
psychiatrischen Einrichtungen weit draußen auf dem
grünen Lande. Und da all diese guten Mütter und guten
Gaben bislang nicht ausgestorben sind, lebt der kleine
Klausi noch heute.

♪ Als naseweises Erdenkind
   kroch ich einst aus dem Bauch
   der Mutter und beteiligt war
   ein bisschen Vater auch.
   Die Welt war weit, die Welt war schön
   mal war es heiß mal kalt
   doch immer wenn's am schönsten war
   hieß es von oben bald:

        Das kannst du nicht, verstehst du nicht
        dafür bist du zu klein
        da lass man schön die Finger von
        das lass man besser sein.

Als ich ein wenig später dann
den Löffel in der Hand
am Mittagstisch der Großen saß
und hörte wach gespannt
vom Tun der Helden draußen weit
auf irgendeinem Feld
des Lebens und des Kampfes auch
dann kam's fast wie bestellt:

Das kannst du nicht …

Als nach der Konfirmation
mir Gisela auffiel
ihr Blick ihr Mund ihr rotes Kleid
ihr scheues Augenspiel
und neue Träume wurden wach
in Bett und Dämmerwald
da kam es dann von irgendwo
und hielt sich festgekrallt:

Das kannst du nicht …

Als ich mit jugendlicher Lust
den Lehrern und Pastorn
manch Fragen stellte unverblümt:
Wozu ist man geboren?
Warum ist dies weshalb ist das?
Wohin treibt diese Welt?
Da kam es vom Katheder meist
fast wie von selbst bestellt:

Das kannst du nicht …

Als später ich die großen Herrn
die gerne Herrgott spielen
in irgendeiner Talkshow sah
nach Macht und Beifall schielen
und ich nur einfach wissen wollt:
Warum hungert ein Kind?
Und warum gibt es arm und reich?
Da kam's von dort geschwind:

Das kannst du nicht …

Ihr maßgeblichen Fraun und Herrn,
ihr selbsternannten Götter
hört was wir Kleinen nur zu gern
euch pfeifen wir die Spötter:
Ob Brei ob Brust ob Fragen wild
ob Macht ob Weltenspiel
das alles ist uns eine Lust
und gänzlich nicht zu viel.

Und wenn ihr wieder einmal meint
das Denken zu verbieten
das lassen wir ein Leben lang
uns überhaupt nicht bieten.
Das Lied das ihr so gerne singt
das klau'n wir uns behände
wir dreh'n es uns im Munde um
und singen ohne Ende:

Das können wir, verstehen wir
und niemand macht uns klein
was hier geschieht ist unser Ding
drum mischen wir
drum mischen wir
drum mischen wir uns hier ein wenig ein.

Aber nich, dat Se denken, der Luther hätt sich bei seinem volkspädagogischen Programm nur drauf beschränkt, dat der Laden ohne große Widerworte rund läuft, nein, nein, dat wär getz echt zu kurz gegriffen.

Et is ja bekannt, datter sich in dem Zusammenhang vor allem für den Bau von Schulen eingesetzt hat. Wer aber jemals eine solche von innen gesehen hat, wird sich allerdings fragen, ob ausgerechnet dieses Projekt dem Luther zur dauerhaften Ehre angerechnet werden kann. Egal.

Jedenfalls sollten, wennet nach ihm ging, überall Schulen aus dem Boden gestampft werden, damit die Leute endlich mal seine Lutherbibel selber lesen könnten. Die hatte der Luther ja gerade vorher auf der Wartburg geschrieben. D. h. wenner nich gerade damit beschäftigt war, mit dem Tintenfass nachem Teufel zu schmeißen. Auf diese Weise war dann auch dat „allgemeine Schulwesen", wie et später immer so schön hieß, aufe Welt.

Natürlich hat da auch sein bester Kumpel, der Professor Philipp Melanchthon, 'n Stücksken dran mitgedreht. Von dem war der Luther sowieso der Mei-

nung, datter wesentlich mehr auf'm Kasten hätt als er selbst. Und dat will schon wat heißen.

Übrigens, ich weiß nich, ob Se dat wissen, aber von dem Melanchthon stammt ja der berühmte Satz: „Unser Nichtwissen ist größer als unser Wissen." Kein Wunder, datter mit dieser Erkenntnis dann auch bald zum „Praeceptor Germaniae", also sozusagen zum Urpauker des deutschen Bildungssystems geworden is, wo ja seit Langem vor allem dat Nichtwissen ganz oben aufer Hitliste steht. Hier fragen Se nur mal den Kevin Kleine-Kosack, der war lange genug drauf aufe Penne.

Getz gab et in dieser Angelegenheit für den Luther aber ein Problem. Wer kenndet nich: „Viele ungeschickte Schulmeister verderben feine Anlagen mit ihrem Poltern, Stürmen, Streichen und Schlagen, wenn sie mit Kindern anders nicht denn gleich als ein Henker oder Stockmeister mit einem Diebe umgehen."

Tja, und um hier wenigstens dat Allerschlimmste zu verhindern, deshalb gibdet seit einiger Zeit zum Glück diese vielen segensreichen Lehrpläne. Z. B. für den Religionsunterricht.

RELIGIONSUNTERRICHT

Ja, hallo und einen guten Abend allerseits, wo auch immer Sie momentan unterwegs sind und uns zuhören. Hier sind wir wieder mit unserer beliebten Sendung „Ausheulen bis zum Abwinken". Sie haben wie immer Gelegenheit, sich all das, was sonst keiner hören will, von der Seele zu quatschen. Wir hier von der Redaktion geben unsererseits unseren Senf dazu und – und das ist jetzt wichtig – liefern Ihnen ein großes Publikum weit über den Sendebereich.

So, ich schau gerade mal auf meinen Monitor … ah ja, da ist schon die erste Anruferin. Anne-Kathrin aus Nümbrecht. Anne-Kathrin, Sie hören sich so bedrückt an, ist was? Ach so, Sie sind Religionslehrerin. Na, da kann ich Sie natürlich verstehen. Aber was ist jetzt genau Ihr Problem? Bitte was? Sie blicken nicht mehr durch, was religionsmäßig so zur Zeit an deutschen Schulen abgeht? Okay, ich denke, das ist eine gezielte Anfrage an unseren Experten Professor Dr. Schwaderlapp von der religionspädagogischen Abteilung der Fachhochschule Am Alten Angerbach. Herr Professor, bitte übernehmen Sie.

Ja, ein Hallo auch erst einmal von meiner Seite aus nach Nümbrecht. Passen Sie auf, Anne-Kathrin. Das ist eigentlich alles ganz einfach. Sie müssen sich einfach nur einmal eine große Landkarte vorstellen. Sagen wir mal auf einer Folie. Deutschland in den Grenzen von 1990.

Oben Flensburg, unten Konstanz, links der Pfälzer Wald und rechts das Elbsandsteingebirge.

So, und nun nehmen Sie einfach einen wasserlöslichen Folienstift, den Sie ja vermutlich bereits aus der Schule kennen, und markieren ganz vorsichtig – sagen wir mal: mit Blau – die Länder Bayern, Baden-Württemberg, Nordrhein-Westfalen, Hessen und das Saarland. Was? Ja, gehört noch zu Deutschland. Also, in diesen Bundesländern ist es ganz simpel: Sie geben einen grundsätzlich konfessionellen Religionsunterricht, also entweder einen katholischen Religionsunterricht oder einen evangelischen Religionsunterricht. Nein, nicht evangelische Unterweisung, um Gottes Willen! Wenn Sie das Wort nur aussprechen, können Sie gleich Ihre Sachen packen. Religion in konfessioneller Verantwortung. Das ist etwas ganz anderes. Alles klar?

Na egal. Sie können jetzt natürlich auch den grünen Folienstift nehmen und z. B. die Länder Mecklenburg-Vorpommern, Schleswig-Holstein, Thüringen, Sachsen und Sachsen-Anhalt markieren. Hier ist es insofern einfacher, als Sie dort durchgängig evangelischen Religionsunterricht haben, allerdings in der Regel mit gemischten Lehrer- und Schülergruppen. Nein, mit denen sollen Sie nicht in die Sauna gehen, ich bitte Sie. Sie sollen sich vor allem klarmachen, dass Sie es hier zu einem erklecklichen Teil auch mit konfessionslosen, aber – unterschätzen Sie das bitte nicht – durchaus interessierten Schülern zu tun haben. Tja, um welche Fragen es da geht? Also z. B. ob Mose Ostern oder Pfingsten geheiratet hat oder ob „Jesus" eine Jeansmarke ist. Also schon sehr lebenswirklichkeitsorientiert.

Wenn ich Sie jetzt noch einmal bitten dürfte, einen roten Stift zu nehmen. Dann könnten Sie jetzt das Bundesland Brandenburg farblich hervorheben. Warum das? Ich sage nur: Lebensgestaltung – Ethik – Religion. Stopp! Ich muss mich korrigieren: Lebensgestaltung – Ethik – Religionskunde. Damit ja keiner auf die Idee kommt, hier seine persönlichen Überzeugungen mit einfließen zu lassen. Wo kämen wir denn da hin, wenn sich ein Schüler auch einmal an einer bestimmten Haltung abarbeiten müsste. Nein, Sie sollen, falls Sie z. B. in Neuruppin oder Eisenhüttenstadt landen, mit denen überkonfessionell, außerbiblisch, unkirchlich und gesinnungsneutral arbeiten. Damit erspart man den lieben Kleinen die etwa in Herzogenaurach übliche lästige Wahl, sich gegebenenfalls alternativ zwischen Ethik, Philosophie oder gar praktischer Philosophie entscheiden zu müssen. Eins noch: Nehmen Sie hier bloß nicht das Wörtchen „Gott" in den Mund. Sonst kommt gleich Ex-Bischof Huber und klagt vor dem Bundesverfassungsgericht auf Wiedereinführung konfessioneller Zwergschulen mit Paul-Gerhardt-Chorälen und Herrgottswinkel neben dem Kartenständer.

Aber vielleicht zieht es Sie ja auch nach Niedersachsen – bitte jetzt gelb markieren – und Sie entscheiden sich einfach, ob Sie in Verden an der Aller als evangelische Lehrerin eine Klasse mit Schülern, die überwiegend Ihrer Ansicht sind, und ein paar katholischen Abweichlern übernehmen, oder ob Sie sich z. B. in Haselünne nahe der Ems in einem katholisch konturierten Religionsunterricht mit ein paar evangelischen Marginalexistenzen herumschlagen. Wichtig hier: die katholische Trias, nein, nicht Trinität, Trias von Lehrer – Schüler – Lerninhalt in einer, eben katholischen, gottvatergleichen Einheit. Falls Sie wiederum evangelisch sind, gilt nur die erste Person der Trias, also der Lehrer, egal, wie die Gruppe konfessionell durchgemixt ist. Fall Sie das überfordern sollte, können Sie natürlich jederzeit auf das Alternativfach „Werte und Normen" ausweichen. Vorausgesetzt, Sie haben Philosophie studiert oder wenigstens „Sophies Welt" gelesen.

Ganz was Tolles haben sich übrigens die Hamburger einfallen lassen. Bitte mit lila Folienstift: „Konfessionell kooperativer Religionsunterricht." Man muss sich dieses Wort einfach mal auf der Zunge zergehen lassen. Religionsunterricht für alle. 50 Prozent Christen. Der Rest multikulti: fächerverbindend, konfessionsintegrierend, religionsübergreifend. Anything goes. Herrlich. Weil keiner mehr weiß, was er eigentlich ist, sollen nun z. B. die Eltern ran. Sage mir, was du alles in deiner Religion nicht verstanden hast, und ich frage dich, was ich immer schon nicht von dir wissen wollte ... oder so ähnlich. Außerdem können Sie sich hier religionsdidaktisch mal so richtig austoben: problemorientierte Gruppenarbeit mit weltanschaulich durchquirlten Asylantenkindern. Projektarbeit: Wir häkeln Strohsterne für unsere Altersgenossinnen und Altersgenossen in Somalia. Geschlechtergerechte Freiarbeit mit Jungen, die endlich einmal ihre weiblichen Anteile entdecken möchten, und Mädchen, die einmal so verdötscht aussehen wollen wie Rocky Graciano selig. Stationenlernen im Gedritt von Hamburger Michel, Alter Liebe in Cuxhaven und Lübecker Marzipan. Phantasiereisen in das Innere eines ausgetretenen Zigarrenstummels unter der Frage, was mir ein vermeintlich unbedeutender Tabakrest über mein Leben, meine Beziehung zur Welt, zu anderen, zu mir selbst und natürlich auch zu Gott zu sagen hat. Ganz dick im Kommen auch: Philosophieren mit Kindern. Theologisieren mit Kindern. Ästhetisieren mit Kindern. Psychologisieren mit Kindern und exotischen Haustieren. Noch einmal ganz neu durchbuchstabieren, was es heißt, christlich, jüdisch oder muslimisch zu sein. Religiöse Alphabetisierungskampagnen im Internet aufbauen. Elternsprechtage mit Stilleübungen für nicht genannt sein wollende Väter. Von Enten im Stadtpark lernen, was Kooperation bedeuten kann und was nicht, also schlicht elementarisierende, wertevermittelnde, wirklichkeitskorrelierende und handlungsrelationale Strategiekonzeptionen entwickeln. Na, wäre das nichts für Sie, Anne-Kathrin?

Anne-Kathrin? Sind Sie noch dran? Was? Jetzt haben Sie gar keinen Durchblick mehr? Komisch. Dabei ist doch alles so sonnenklar in der religionspädagogischen Landschaft. Was? Sie wissen nicht, was Sie am Ende aufs Zeugnis schreiben sollen? Ach, wissen Sie, an Ihrer Stelle würde ich mich einfach nur für „Reli" entscheiden. Da weiß wenigstens jeder gleich, was gemeint ist.

„VOM HIMMEL HOCH …"

Ich weiß nicht, ob Se dat wissen. Aber der Luther war ja so 'n ganz großer Fan von Weihnachten. „Vom Himmel hoch, da komm ich her, ich bring euch gute neue Mär …", hat er schon mal so morgens unter der Dusche gesungen, wennet mal wieder auf die dunklen Tage zuging. Also die hohe Zeit der Weihnachtsmärkte.

Diese Weihnachtsmärkte sind ja mittlerweile überhaupt nich mehr wegzudenken aus dem Jahresablauf. Gott sei Dank ja auch jedes Mal 'n bissken früher als sonst. Von wegen 1. Advent! Anfang November, Mitte Oktober, Ende der Sommerferien – man kannet ja unter der Sonne von Torremolinos meist kaum noch erwarten, bis et widder so weit is.

Und wenn ich getz mal so 'n Moment inne Zukunft denke: Karfreitag ohne Weihnachtsmarkt – würd mir, glaub ich, auf Dauer echt wat fehlen. Da bin ich ganz ehrlich drin.

Jou, wie hat der Luther immer noch so schön gemeint: „Sei mir willkommen, edler Gast, den Sünder nicht verschmähet hast …" Ja, wenn dat keine werbemäßige Steilvorlage für die Glühweinstände und Fressmeilen is.

ALLES GANZ ANDERS

Das Schöne am Weihnachtsmarkt ist ja, dass man immer irgendwelche anderen Leute trifft. Ich meine solche, die alles ganz anders machen. Diesmal war es z. B. Dr. Verweyen mit Frau. Frau Verweyen hat, glaube ich, einmal Germanistik studiert. Jedenfalls grüßte sie mich mit einem Blick, der mir schlagartig zu Bewusstsein brachte, wie lange es her sein mochte, dass ich mich in ein hübsches kleines Rilke-Bändchen vertieft hatte. Eine Ewigkeit wahrscheinlich. Bußfertig klammerte ich mich an meinen Glühweinbecher.

„Wissen Sie, dieses ganze kommerzialisierte Weihnachten", überfiel mich gleich Dr. Verweyen, „alles dreht sich doch inzwischen nur noch um Handys für die Enkel, um Mountainbikes, DVD-Player und iPads. Früher haben wir wenigstens etwas selber gebastelt. Laubsäge, Topflappen oder auch mal ein kleines Gedicht für Frau Mama. Aber heute …" Dr. Verweyen machte ein Gesicht, als müsse er der Welt Sünden tragen.

Mein Versuch, ihn behutsam darauf hinzuweisen, dass das Jahr 1957 schon ein wenig her sei, scheiterte kläglich. „Ja, was heißt das denn: andere Zeiten? Sehen die Leute denn heute glücklicher aus? Schauen Sie sich doch nur mal um. Nein, mit dem Eigentlichen hat doch dieser ganze Rummel nicht mehr das Geringste zu tun." Schneidend wie ein weihnachtliches Tranchiermesser blitzte Dr. Verweyens analytische Fähigkeit plötzlich neben dem Glühweinstand auf. Kein Wunder, dass seine Praxis so gut läuft.

Ich nickte beklommen: „Ja, ich sage auch immer zu meiner Frau, am besten, man entzieht sich dieser ganzen Geschäftemacherei und verweigert sich einfach. Man muss ja schließlich nicht alles …" „Genau", fiel mir Dr. Verweyen ins Wort, „wir steigen dieses Jahr konsequent aus. Heiligabend auf den Bahamas. Weihnachtscocktail, einheimisches Krippenspiel, kreatives Korallentauchen zum Jahreswechsel. Das ist mal was anderes. Übrigens gar nicht so teuer. Sollten Sie sich auch mal gönnen, mein Lieber." Dann waren beide hinter einer Gondel mit Biosocken verschwunden.

Schön, dass man auf dem Weihnachtsmarkt immer irgendwelche anderen Leute trifft. Ich meine solche, die alles ganz anders machen.

♪   Es gab mal einen Hirten
    ein Mensch wie du und ich
    der sagte sich
    bleib lieber mein Lieber
    hier bei deinen Schafen
    schön schlafen
    so schlief er bis ein Englein kam
    das bald ihm seinen Schlummer nahm.

Es gab mal einen Weisen
ein Mensch wie du und ich
der sagte sich
bleib lieber mein Lieber
hier auf deinen Sätzen
schön sitzen
so saß er bis ein Sternlein kam
das bald ihm seine Weisheit nahm.

Es gab mal einen König
ein Mensch wie du und ich
der sagte sich
man kann sich so richtig
hier an diese Kronen
schön gewöhnen
so thronte er – ein Kindlein kam
das bald ihm die Gewöhnung nahm.

Es gab mal einen Menschen
ein Mensch wie du und ich
der sagte sich
bleib lieber mein Lieber
hier in deinem Leben
schön kleben
so klebte er – ein Wörtlein kam
das bald ihm jene Lüge nahm.

FRAU MUSIKA

Et is sicher hier und da schon 'n bissken deutlich geworden, dat der Luther ganz viel vonne Musik hielt. „Frau Musika", wie er immer scherzhaft gesacht hat. „Vor allen Freuden auf Erden kann niemand keine feiner werden, denn die ich geb mit meim Singen und mit manchem süßen Klingen …"

Jou und dann hatter 'n paar Lieder vom Stapel gelassen, die hatten et aber in sich, kann ich Ihnen flüstern: „Und wenn die Welt voll Teufel wär und wollt uns gar verschlingen … " Wahrscheinlich hatter bei dieser Zeile immer meine Helma vor Augen gehabt.

Aber getz nur mal so zwischendurch: Der Calvin, der hat sich dat ja wesentlich einfacher gemacht, da mit seinem „Genfer Psalter". Texte waren ja schon da. Wie der Name schon sacht. Fehlte eigentlich nur noch die Melodie. Und dann isser einfach zu so 'n paar Oberexperten hingegangen: Hört ma, Louis und Claude und wie se da alle am heißen waren, ihr habt doch seinerzeit in der Volksschule immer 'ne Zwei in Singen gehabt. Macht mir doch mal 'n paar schöne Melodien für die Psalmen. Hier habder ne Bibel, lesdet euch in Ruhe durch. Nächsten Sonntag will ich mal wat von euch hören.

Ou, da war der Luther aber schon wat fleißiger, muss man sagen. „Viel falsche Meister jetzt Lieder dichten", hatter sich immer beklagt. Dabei war der Reinhard Mey noch gar nicht aufe Welt. Ja, hatter gemeint, getz wäret so weit, getz müsster selber ran, damit vor allem die Jugend endlich „von ihren Buhlliedern und fleischlichen Gesängen" loskäm, wie er sich ausdrückte.

Ja, und damit ist der Luther praktisch zum Urheber der evangelischen Gesangskultur geworden, wie man sie ja vor allem in den Kirchenchören erleben kann.

KIRCHENCHOR

Ja, man hat sich ja lange gefragt, warum die Menschen überhaupt in so 'nen Kirchenchor eintreten. Sicher, man könndet sich getz leicht machen und sagen: Se woll'n einfach nur mal en schönes Lied singen.

Nee, so einfach isset nich. Da gibdet getz so ne neue wissenschaftliche Studie vonne Universität Duisburg-Essen. Die untersuchen ja mittlerweile alles, wat nich niet- und nagelfest is. Und die ham getz rausgefunden, dat die Leute aus 'nem ganz andern Grund innen Kirchenchor eintreten.

Gut, niemand hätt wat dagegen, wenn am End auch mal 'n Lied tatsächlich klappen tät, aber et ging letztlich um wat ganz andres:

Ja, worum ginget dabei genau? Et käm so mehr auf dat ganze Miteinander an. Wie man miteinander umgehen tät. Dat Zwischenmenschliche also. Die Gemeinschaft. „Singen als soziale Möglichkeit", so der Titel der Studie.

Tja, wie sieht so 'ne soziale Möglichkeit aus? Dat fängt ja schon gleich mit dem Einsingen an:

Hallo, ihr Lieben. Schön, dass wir wieder zur Chorprobe zusammengekommen sind. Wir haben uns heute eine Menge vorgenommen. Aber bevor ich's vergesse: Ich soll euch alle ganz lieb von Hiltrud grüßen. Ja, sie hat gestern Abend von Naxos aus angerufen. Also, ihr geht es so weit ganz gut. Wetter wär einigermaßen. Essen noch so 'n bisschen gewöhnungsbedürftig. Man kennt das ja in Griechenland. Wasser war sie offenbar noch nicht drin. Aber sonst alles prima. So, dann hätten wir das erstmal. Ich denke, wir fangen dann mal gleich mit dem Einsingen an. Ich habe uns da eine kleine, ganz leichte Übung mitgebracht. Ich singe sie gerade mal vor:

„Ma me mi mo mu."
Alle: „Ma me mi mo mu."
„Martha möchte morgens manchmal Marmorkuchen machen."
Alle: „Martha möchte morgens manchmal Marmorkuchen machen."

Übrigens, ich weiß nicht, ob allen das so bewusst ist. Susanne hat mich vorhin noch mal darauf aufmerksam gemacht. Der Annerose geht es ja zurzeit nicht so besonders. Manche haben sie sicher schon vermisst. Nun sagte mir Susanne soeben, dass Annerose sich inzwischen zum Glück entschlossen hat, ihre Schaumkur in Bad Sobernheim anzutreten. Und ich denke mal so, wir sollten sie in dieser für sie sicher nicht ganz einfachen Situation nicht allein lassen. Susanne war bereits so lieb und hat eine kleine Grußkarte vorbereitet. Vielleicht kann da jeder von uns nachher in der Pause seinen Friedrich-Otto druntersetzen. Annerose würde sich sicher riesig freuen. Da bin ich mir ziemlich sicher. Wo waren wir noch? Ah ja, Einsingen.

„Ma me mi mo mu."
„Bitte: Ma me mi mo mu."
„Martha möchte morgens manchmal Marmorkuchen machen."
„Vielleicht gerade mal nur mal die Frauen."
Frauen: „Martha möchte morgens manchmal Marmorkuchen …"

Also, stopp mal. Ihr lieben Männer, ich bin ja froh und dankbar, dass ihr da seid. Andere Chöre würden sich alle Finger danach lecken, wenn sie nur einen Bruchteil davon hätten, aber wenn ich „Frauen" sage, dann meine ich auch „Frauen".

Was ist denn nun schon wieder, Heinz-Gerd? Was? Ach, um Himmels willen. Richtig. Tschuldigung. Das hätte ich doch glatt vergessen. Danke, Heinz-Gerd, dass du mich drauf aufmerksam gemacht hast. Das war sehr achtsam von dir. Wir haben heute ja wieder ein paar Geburtstagskinder unter uns. Moment, ich schau mal gerade auf die Liste: Das waren im letzten Monat: Beate? Ist das richtig? Ja, brauchst dich nicht zu verstecken. Wir kommen alle mal dran. Wilfried? Ich habe ihn heute noch gar nicht gesehen. Was? Elterpflegschaftsversammlung? Kommt später? Okay. Frau Dr. Schubert-Heusenstamm. Was? Nein, ich verrate nichts. Bleibt unter uns. Nein, keine Bange, sieht man Ihnen nicht an. Und natürlich Marlene Altgassen vom Sopran. Ich schlage mal vor, weil wir schon so ein bisschen mit der Zeit knapp sind, dass wir nachher den ersten Choral als gemeinsames Geburtstagslied anstimmen. Ist das okay so? Okay. So, nun aber:

„Ma me mi mo mu."
Alle: „Ma me mi mo mu."
„Martha möchte morgens manchmal Marmorkuchen machen."
Alle: „Martha möchte morgens manchmal Marmorkuchen machen."

Apropos: Kuchen. Wie ihr wisst, gehen wir ja mit Riesenschritten auf unser kleines Frühlingskonzert zu. Und ich darf noch einmal daran erinnern, dass wir für nächsten Samstagnachmittag eine kleine Sonderprobe vereinbart haben. Und jetzt haben einige den – wie ich finde, sehr, sehr schönen – Vorschlag gemacht, dass wir das vielleicht mit einem kleinen Kaffeetrinken verbinden könnten. Und ich persönlich fände es ganz lieb, wenn sich wieder ein paar freiwillige Kuchenbäcker finden würden, damit es auch ein bisschen … Was ist, Beatrice? Ja, Entschuldigung, natürlich sind auch die freiwilligen Kuchenbäckerinnen gefragt. Also: ein paar freiwillige Kuchenbäcker und freiwillige Kuchenbäckerinnen – danke, Beatrice, das war jetzt hilfreich. Und damit wir nicht wieder wie beim letzten Mal in Bienenstich ersticken, führe ich am besten etwas Liste. So, Freiwillige an die Front!

Margret? Streusel. Fein. Frau Rumpenhorst? Donauwellen. Mm, lecker. Herr Dr. Gensichen von der autonomen Männerbackgruppe? Wie? Kalte Hundeschnauze? Ja, das ist ja 'n Dingen. Die gab's ja früher immer zum Kindergeburtstag. Hör'n Se mal, da konnten Sie sich aber reinsetzen, so schmeckte der. Später hieß es ja immer, es ginge auf die Hüften. Aber die meisten von uns können es ja vertragen. Ja, und natürlich Leonie mit ihren berühmten niederrheinischen Mürbekrapfen.

Super. Dann wäre das also auch im Kasten. Wo waren wir gleich stehen geblieben? Ach ja, Einsingen:

„Ma me mi mo mu."
Alle: „Ma me mi mo mu."
„Martha möchte morgens manchmal Marmorkuchen machen."
Alle: „Martha möchte morgens manchmal Marmorkuchen machen."

Also, liebe Leute, so geht das nicht. Bitte ein bisschen mehr Konzentration und Aufmerksamkeit. Gut, ich weiß, viele von uns sind momentan etwas im Stress. Fühlen sich vielleicht mit allem auch ein wenig überfordert. Da habe ich durchaus Verständnis. Mir geht es auch nicht viel anders. Aber deswegen kann man sich doch wohl mal ein bisschen zusammennehmen. Also bitte noch mal:

„Martha möchte morgens manchmal Marmorkuchen machen."

Alle: „Martha möchte morgens manchmal Marmorkuchen machen."

Also gut, wenn ihr nicht wollt. Wir müssen nicht. Wir müssen eigentlich gar nichts. Müssen muss hier überhaupt niemand. Kein Mensch muss müssen. Wir können auch alles genauso gut abblasen. Ich bin gerne bereit, nachts um drei ein paar Banderolen über die Plakate zu kleben: „Das Frühlingskonzert muss diesmal leider ausfallen, weil zufälligerweise ein paar von uns gerade mal keinen Bock haben." Bitte. Bitte. Ich weiß zur Genüge, was ich mit meiner Zeit anfangen kann. So ist es nun auch wieder nicht. Wir müssen nicht. Wir müssen eigentlich gar nichts. Müssen muss hier überhaupt niemand. Nein, Irina, ich bin nicht beleidigt. Ich versuche nur, meine Arbeit ein wenig ernst zu nehmen. Im Unterschied zu manch anderen hier im Raum. Also, bitte noch mal:

„Martha möchte morgens manchmal Marmorkuchen machen."

Alle: „Martha möchte morgens manchmal Marmorkuchen machen."

Na also. Es geht doch. Hat's wehgetan?

Tja: „Singen als soziale Möglichkeit!" Ich weiß gar nicht, warum wir uns eigentlich immer noch diese lästige Einsingerei antun. Da können wir doch besser gleich zum Kaffeekränzchen übergehen.

♪ Ich sing so gern im Kirchenchor
auch Singen kommt gelegentlich drin vor
wir backen Plätzchen machen Fahrten
spielen hinterher noch Karten
ich sing so gern im Kirchenchor.

Ich sing so gern im Kirchenchor
ob Bass Sopran Alt oder Tenor
statt unsre Stimmen bloß zu schinden
geht es vor allem ums Befinden
ich sing so gern im Kirchenchor.

Ich sing so gern im Kirchenchor
denn das ist nicht nur was fürs Ohr
vielmehr für Herz, Gemüt und Magen
umgängliches Sozialbetragen
ich sing so gern im Kirchen …
gern im Kirchen …
gern im Kirchen …

… Martha möchte morgens manchmal Marmorkuchen machen …

… Chor!

RECHTFERTIGUNGSLEHRE

Hörn Se mal, der absolute Gipfel beim alten Luther, dat is ja seine berühmte Rechtfertigungslehre. Wie, ham Se noch nix von gehört? Ja, wie soll ich dat so auf die Schnelle erklären?

Also – et geht im Prinzip um den berühmten Satz außer Bibel: „allein durch Glauben". Gemeint hat der Apostel Paulus natürlich den evangelischen Glauben, logo. „Wo bleibt nun das Rühmen?", hatter da im Brief an die Römer geschrieben. „Es ist ausgeschlossen." Ende, Aus, Feierabend. „So halten wir nun dafür, dass der Mensch gerecht wird ohne des Gesetzes Werke, allein durch den Glauben."

Ja, und deshalb hat der Martin Luther auch immer wieder betont: Leute, Leute, bitte tut mir ein Liebes: bitte, bitte kein Eigenlob. Bitte keine Selbstbeweihräucherung. Bitte keine Angeberei mit guten Taten. Lasst die Finger von. Bringt nix.

Aber ich frach mich am Ende: Ja, wieso eigentlich? Ohne diese psychologisch ja auch ganz fragwürdige Kultur der Selbstverleugnung ist die evangelische Kirche doch meist viel besser gefahren.

PROTESTANISCHER LEBENSLAUF

Wenn ich dereinst tatsächlich da oben ankommen sollte – man weiß es ja nicht so richtig – und alle anderen in wahrscheinlich auch nur falsch verstandener protestantischer Selbstverleugnung nun so gar nichts vorzuweisen wissen, dann werde ich einfach sagen:

Lieber Gott, bitte achte drauf. Ich war in all den Jahren ziemlich oft betroffen. Ich habe keine Unterschriftenliste ausgelassen, die nur irgend von Wut, Trauer und Entsetzen kündete. Ob gegen Ausländerfeindlichkeit, Abholzen der Regenwälder, Afghanistaneinsatz, Hartz IV oder Bad Banks – also: Kuli raus und gut war.

Jahre vorher hatte ich natürlich längst einen Dritte-Welt-Laden aufgemacht. Das heißt natürlich nur einen sogenannten Dritte-Welt-Laden. Weil das aber etwas umständlich war, habe ich dann einen „Dritte-Welt"-Laden mit Gänsefüßchen aufgemacht, so wie die Bildzeitung das damals so erfolgreich mit der „DDR" gemacht hat. Weil das aber im Grunde auch diskriminierend ist, habe ich anschließend einen „Eine-Welt-Laden" aufgemacht. Schließlich musste der Briefkopf auch da wieder geändert werden zugunsten eines bloßen „Welt-Ladens", weil „Eine-Welt-Laden" auch irgendwie blödsinnig klang. Du siehst, lieber Gott, wir hatten mit der Gerechtigkeit in der Welt ganz schön zu ackern und zu rackern.

Deshalb hat es auch zum Kindergeburtstag nie Negerküsse gegeben. Immer nur Halbschaumkugeln mit Migrationshintergrund.

Und dann all diese vielen ganzheitlichen irischen Reisesegen, die es da neuerdings gibt: vor, über, hinter, neben, außer, in, mit und unter, Segen über Segen, man weiß am Ende schon gar nicht mehr, wohin mit ihm.

Hach ... wenn du wüsstest, Gottchen, wie oft ich eine Kerze angezündet habe, statt auf die Finsternis zu schimpfen. Wie oft ich mir Hans-Jürgen Hufeisen reingezogen habe. Und Anselm Grün mit seinen vielen und tiefen Einsichten. Zu sich selber kommen im Anblick einer kanadischen Stieleiche. Und die Gregorianik-CD mit Gunther Emmerlich und den Kastelruther Kehlköpfen.

Ich gehörte übrigens schon ganz früh zu denen, die immer Pfarrer und Pfarrerin sagten, auch wenn weit und breit gar keine Frau zu sehen war. Weil es ja erst mal darum ging, Zeichen in die richtige Richtung zu setzen. Theologe und Theologin, Synodaler und Synodalin, Heiliger Geist und Heilige Geistin.

Stell dir vor, lieber Gott, ich habe dann anlässlich der Ganzkörpersalbung unserer neuen Biopumpe im Garten von den Nachbarn eine hübsche „Bibel in gerechter Sprache" geschenkt bekommen. Super. Die haben da ja z. B. mit dieser frauengerechten Sprache rausgekriegt, dass es damals eigentlich überhaupt keine Männer gegeben hat. Ja, man macht sich das ja gar nicht klar, was es damals alles gegeben hat: ohne Ende Hirtinnen, Pharisäerinnen und Zöllnerinnen an jeder Straßenecke, der Tempel voll mit Hohepriesterinnen, Fischerinnen noch und nöcher – daher übrigens das berühmte Lied „Die Fischerin vom Bodensee" mit Marianne und Michael.

Ja, und natürlich das theologisch korrekte Bekenntnis – sonst kommt mir ja gleich Katharina vom spirituellen Frauenfrühstück auf die Socken – zu Jesa Christa ihrer eingeborenen Tochter, unserer Dame.

Apropos, gut, dass mir das noch einfällt: Hildegard von Bingen. Habe ich dir davon eigentlich schon erzählt? Was habe ich dieser Frau nicht alles zu verdanken! Meditieren mit Hildegard von Bingen. Heilfasten mit Hildegard von Bingen. Schweigen mit Hildegard von Bingen. Zehenknöchelgymnastik mit Hildegard von Bingen. Empfängnisverhütung mit Hildegard von Bingen. Hat zwar nicht immer so richtig geklappt, war aber trotzdem nicht schlecht. Die Grünkernsuppenrezepte der Hildegard von Bingen. Mit Hildegard von Bingen den Rhein-Herne-Kanal entlang. Hildegard von Bingen als überraschend erfrischende Erzählerin unbekannter Herrenwitze. Was hat diese einfache, bescheidene und doch im Grunde so kluge, kluge Frau nicht alles für die evangelische Kirche geleistet. Es ist unglaublich, unglaublich.

Und dann alle diese herrlichen Kurse im neuen evangelischen Familienzentrum:

Beten mit Legosteinen – eine Frömmigkeitsübung unter Anleitung der Super-Nanny.

Trommeln auf Original-Müll aus Mexiko mit hoch motivierten Hausfrauen in der mittleren Lebensphase, um endlich einmal etwas für den Klimaschutz zu tun.

Oder hier das Seminar: Von Engeln lernen. Ein spiritueller Crash-Kurs für Kampfhundehalter und ihre natürlichen Feinde.

Dazu passend natürlich das flatschneue Intensivtraining: Feindesliebe. Ein etwas ungewöhnlicher Zugang zum Finanzamt Duisburg-West.

Die neue Selbsthilfegruppe für alle Rosamunde-Pilcher-Leser, die ihr Coming-out noch vor sich haben.

Oder das feministische Kaffeekränzchen, auf dem wir den so wichtigen Zusammenhang zwischen Strümpfestopfen und Selbstbefreiung zunächst einmal nur wahrgenommen haben.

Toll auch die „Herberge zur spirituellen Kompetenz", wo man Gott auf einmal in allem und möglichen entdecken konnte. Gott in der Muschel in meiner Hand. Gott in einem welken Ginkgoblatt, das im leicht wiegenden

Herbstwind sanft meine Haut berührt. Gott in einem einzigen Schweißtropfen einer indianischen Schwitzhütte.

Oder die ziemlich anstrengende Aktion „Qualitätsmanagement in sozial-diakonischen Einrichtungen", bei der wir erst einmal damit begonnen haben, unseren eigenen Schreibtisch aufzuräumen.

Die gemeindeeigene Initiative, bei der wir in Nullkommanichts – man muss sich das mal wörtlich reintun – in Nullkommanichts einen eigenen Konvoi mit Hilfslieferungen zusammengestellt haben. Wohin, steht noch nicht fest.

Nicht zu vergessen der Workshop „Niederrheinisches Vollwertkochen mit Männern als Ausdruck zivilen Ungehorsams" und, und, und …

Gott, was haben wir uns ohne Ende den politisch unbedenklichen Nicaragua-Kaffee reingekippt. Geschmeckt hat er zwar zum Weinen. Aber du, Herr, der du das Geringe achtest, wirst dich, so denke ich doch, sicherlich erkenntlich zeigen.

Vorher habe ich übrigens noch rasch an der Aktion „Sieben-Wochen-ohne" teilgenommen. Ich hab mir ja immer so ganz was Schweres vorgenommen. Nicht das Übliche: sieben Wochen ohne Pralinen oder Sex. Nein: sieben Wochen einmal ohne Rücksichtnahme.

Das bringt's. Echt.

Ja, natürlich habe ich das Gespräch mit Rom gesucht. Und mit denen, die der Kirche längst den Rücken gekehrt haben, bin ich im Gespräch geblieben.

Die vielen Bücher von Margot Käßmann habe ich übrigens auch gelesen. Jawohl, gelesen. Nicht nur gekauft. Ein Autogramm habe ich ebenfalls von ihr. Letztens beim Kirchentag ergattert. Dreieinhalb Stunden habe ich allein dafür angestanden nach ihrem eindrücklichen Referat zur Dämonie des Personenkults.

Ich habe im Übrigen – das muss ich jetzt auch mal sagen – immer sehr viel Verständnis für die Asylanten gehabt, Entschuldigung, ich meine natürlich die vielen Flüchtlinge, die unter uns eine neue Heimat suchen, Asylanten gibt es ja im Grunde schon lange nicht mehr. Und für die Obdachlosen, Pardon, Berber und Berberinnen habe ich immer viel Verständnis gehabt. Und für die Arbeitslosen und die Jugendlichen, die schon so lange und vergeblich eine Lehrstelle suchen. Für die Hungernden habe ich Verständnis gehabt und für die Verfolgten. Für die Gefangenen und für die Geschundenen. Für die, die im Elend wandern. Und für die Sprachlosen, mit denen ich ein Wort gesprochen habe. Und für die Fertigen, mit denen ich ein Ziel gesucht habe, habe ich Verständnis gehabt. Und für die Einsamen und für die Kranken, für die Traurigen und für die Niedergeschl ...

Gott? Go-hott! Hallo. He du, was ist?

Komisch. Eingeschlafen.

♪ Und wenn morgen
die Welt unterginge
würd ich heute
mein Bäumchen pflanzen.

Und wenn morgen
der Himmel versänke
würd ich heute
die Luft auskehren.

Und wenn morgen
die Sonne ergraute
würd ich heute
ein Feuer fangen.

Und wenn morgen
die Erde zerbräche
würd ich heute
ein Türmchen setzen.

Und wenn morgen
nur Kriege noch schrien
würd ich heute
zur Harfe greifen.

Okko Herlyn
bei Mercator und eteos

HIER STEHE ICH, ICH KANN AUCH ANDERS
Luther unkorrekt

Audio-CD
Artikelnummer: 645354
12,– €
eteos

WIE SOLLET SEIN?
Näheres vom Niederrhein und anderswoher

Taschenbuch
ISBN: 978-3-87463-516-5
8,90 €
Mercator

KOPF TRIFFT WEIDE
Näheres vom Niederrhein

Audio-CD
Artikelnummer: 645353
12,– €
eteos